BESONDERE LEISTUNGSFESTSTELLUNG

Biologie 10. Klasse

Aufgaben mit Lösungen
Gymnasium
Thüringen

STARK

ISBN 978-3-8490-1012-6

6. neu bearbeitete und ergänzte Auflage
www.stark-verlag.de

Inhalt

Fortsetzung siehe nächste Seite

Autorinnen:

Dr. Sabine Hild und Dr. Petra Schmidt

Vorwort

Liebe Schülerin, lieber Schüler,

das vorliegende Buch unterstützt Sie bei der systematischen Vorbereitung auf die Besondere Leistungsfeststellung im Fach Biologie in der 10. Klasse Gymnasium.

Die Besondere Leistungsfeststellung im Fach Biologie besteht aus der Pflichtaufgabe und einer Wahlaufgabe, die aus dem vorgegebenen Wahlteil auszuwählen ist. Für die Pflicht- und für die Wahlaufgabe werden jeweils 20 BE vergeben.

- Das Buch enthält **Beispielaufgaben im Stil der Besonderen Leistungsfeststellung:** An solch einer Beispielaufgabe können Sie die Struktur, den Schwierigkeitsgrad und den Umfang sowie die Charakteristik von Pflicht- und Wahlaufgabe erkennen.
- Darüber hinaus beinhaltet das Buch **zusätzlich Übungsaufgaben**, die dem Aufgabentyp des Wahlteils entsprechen. Sie dienen vor allem zur Wiederholung und Systematisierung relevanter Inhalte. Die hier vorliegenden Übungsaufgaben sind jeweils für 10 BE konzipiert und unterscheiden sich zum Teil deutlich in ihrem Schwierigkeitsgrad.
- Neben den Aufgaben sind jeweils mögliche **Lösungen** angegeben. Sie dienen der Kontrolle der eigenen Leistungen beziehungsweise der Orientierung beim Wiederholen und Lernen.

Wir wünschen Ihnen viel Erfolg bei der Besonderen Leistungsfeststellung im Fach Biologie.

Stichwortverzeichnis

Hinweise und Tipps

1 Die Besondere Leistungsfeststellung

Schülern am Gymnasium wird eine dem Realschulabschluss gleichwertige Schulbildung bescheinigt, wenn sie am Ende der Klassenstufe 10 an der Besonderen Leistungsfeststellung erfolgreich teilgenommen haben und die Versetzungsbestimmungen erfüllen. Seit dem Schuljahr 2003/2004 ist die Besondere Leistungsfeststellung in Thüringen verpflichtend.

Schüler stellen sich einer schriftlichen Leistungsfeststellung in den Fächern Deutsch, Mathematik sowie in einem der Fächer Physik, Chemie oder Biologie nach Wahl des Schülers. Zusätzlich kann in diesen Fächern nach Bekanntgabe der Noten der schriftlichen Leistungsfeststellung und auf Verlangen des Schülers eine mündliche Leistungsfeststellung durchgeführt werden. Die erfolgreiche Teilnahme an der Besonderen Leistungsfeststellung ist Voraussetzung für den Eintritt in die Qualifikationsphase der Thüringer gymnasialen Oberstufe.

2 Die Besondere Leistungsfeststellung im Fach Biologie

2.1 Ablauf

Die Besondere Leistungsfeststellung findet im 2. Halbjahr der Klassenstufe 10 (Mai/Juni) statt. Der Termin wird vom Thüringer Ministerium für Bildung, Wissenschaft und Kultur (TMBWK) festgelegt und veröffentlicht.
Die Dauer der schriftlichen Leistungsfeststellung im Fach Biologie beträgt 120 Minuten.

2.2 Inhalte und Anforderungen

Die Aufgaben beziehen sich auf die im Lehrplan für den Erwerb der allgemeinen Hochschulreife 2012 der Klassenstufen 9 und 10 des Faches ausgewiesenen Lernziele.

Nachfolgende Übersicht zeigt die inhaltlichen Schwerpunkte:

Lebensprozesse von grünen Pflanzen, Pilzen und Bakterien
– Ausgewählte Funktionen pflanzlicher Organe • Erläutern von Struktur-Funktions-Beziehungen (am Beispiel Laubblatt) • Mikroskopieren: Querschnitt (DP) eines Laubblatts • Erklären der Aufnahme und des Transports von Wasser im Pflanzenkörper (Diffusion, Osmose, Kapillarität, Transpirationssog)
– Stoff- und Energiewechsel grüner Pflanzen • Beschreiben des Stoff- und Energiewechsels grüner Pflanzen (Zelle als Ort der Stoff- und Energieumwandlung, Fotosynthese und Atmung) und Erläutern der Bedeutung für den Organismus • Erläutern der Beeinflussung des Stoff- und Energiewechsels (Fotosynthese durch Licht, Atmung durch Temperatur) und Ableiten von Möglichkeiten zur Ertragssteigerung bei Pflanzen • Planen, Durchführen und Auswerten von Experimenten: Nachweis von Stärke, Traubenzucker, Eiweißen und Fetten als pflanzliche Inhaltsstoffe, Nachweis von Kohlenstoffdioxid als Reaktionsprodukt der Atmung
– Stoff- und Energiewechsel von Pilzen und Bakterien • Beschreiben der alkoholischen Gärung und der Milchsäuregärung und Erläutern von Möglichkeiten der wirtschaftlichen Nutzung dieser Gärungen
– Systematisierung • Klassifizieren der Begriffe in einem Begriffssystem: Assimilation: Autotrophie (Fotosynthese) und Heterotrophie, Dissimilation: Atmung und Gärung • Vergleichen von Stoffwechselvorgängen (z. B. Assimilation, Dissimilation)
Organismen in ihrer Umwelt
– Erläutern der Wirkung von Umweltfaktoren: ökologischer Toleranzbereich von Lebewesen und Angepasstheit an ihren Lebensraum, Wirkung von Räuber-Beute-Beziehungen und Konkurrenz – Charakterisieren von Ökosystemen als Einheit von Biotop und Biozönose – Erläutern der Merkmale eines Ökosystems: räumliche und zeitliche Struktur, Stoffkreislauf und Energiestrom, Stabilität und Dynamik – Erklären der Beeinflussung von Ökosystemen: Bedeutung der Selbstregulation und der Struktur- und Artendiversität – Vergleichen von wirtschaftlich intensiv genutzten und naturnahen Ökosystemen – Bewerten von Eingriffen des Menschen in die Natur und Erläutern des Prinzips der Nachhaltigkeit

Speicherung, Übertragung, Realisierung und Veränderung der genetischen Information
– Speicherung der genetischen Information • Beschreiben der zellulären, strukturellen und molekularen Grundlagen der Vererbung (Zellkern, Chromosomen, Chromosomensatz, DNA und RNA)
– Übertragung der genetischen Information • Beschreiben der Verdopplung der DNA unter Anwendung des Prinzips der komplementären Basenpaarung als Voraussetzung für Konstanz der genetischen Information • Erklären der Weitergabe der genetischen Information: Prinzip und Bedeutung von Mitose und Meiose • Erläutern und Anwenden der 1. und 2. Mendelschen Regel (dominant-rezessive, intermediäre und kodominante Erbgänge), Erläutern von Rekombinationsmöglichkeiten
– Realisierung der genetischen Information • Beschreiben des Wegs vom Gen zum Protein (Codierung der Proteine durch die Abfolge der DNA-Tripletts, Prinzip von Transkription und Translation) • Ableiten der Bedeutung von Proteinen bei der Merkmalsausprägung
– Veränderung der genetischen Information • Erläutern der Begriffe Mutation, Rekombination und Modifikation • Erklären von Mutation, Rekombination und Modifikation als Ursache für Variabilität • Erläutern der Bedeutung der Variabilität für Lebewesen
Anwendungsbereiche der Genetik
– Humangenetik • Beschreiben von Ursachen und Symptomen genetisch bedingter Erkrankungen (Trisomie 21 und Hämophilie) • Erläutern von Möglichkeiten und Grenzen der genetischen Beratung sowie von Diagnose und Therapie genetisch bedingter Erkrankungen an einem Beispiel
– Anwendung genetischer Erkenntnisse in biotechnologischen Verfahren • Beschreiben des Prinzips des Gentransfers • Erläutern der Nutzungsmöglichkeiten am Beispiel der Insulinherstellung • Bewertung der Anwendung gentechnisch veränderter Bakterien • Beschreiben der Anwendungen von Erkenntnissen über die Mitose (vegetative Vermehrung und Klonierung)

Evolution
– Evolutionstheorien • Abgrenzen naturwissenschaftlicher Ansichten zur Entstehung bzw. Entwicklung der Lebewesen von Schöpfungslehren • Erläutern der Grundaussagen von Charles Darwin zur Entstehung der Arten und Erläutern der Bedeutung für die Entwicklung der wissenschaftlichen Abstammungslehre • Erläutern der Entstehung neuer Arten nach der Synthetischen Evolutionstheorie (Zusammenwirken von Mutation, Rekombination, Isolation und Selektion)
– Belege für die Evolution • Erläutern der Bedeutung von Fossilien, Homologien, Rudimenten und Übergangsformen als Belege für die Evolution
– Entwicklung des Menschen aus tierischen Vorfahren • Erläutern der Entwicklung des Menschen aus tierischen Vorfahren

In die Besondere Leistungsfeststellung werden auch **grundlegende naturwissenschaftliche Fachinhalte** aus den vorangegangenen Klassenstufen einbezogen. Diese sind entweder Voraussetzung für das Verstehen der oben genannten Fachinhalte oder werden im Biologieunterricht der Klassenstufen 9 und 10 systematisiert.

Dazu zählen z. B.:
- Bau pflanzlicher und tierischer Zellen und Funktion der Zellbestandteile
- Prinzipieller Ablauf von Stoff- und Energiewechselprozessen bei Mensch und Tier (heterotrophe Assimilation, Atmung)
- Gliederung einer grünen Pflanze
- Zuordnung von Tieren und Pflanzen zu übergeordneten Gruppen (z. B. Weinbergschnecke zu Weichtieren, Raps zu Samenpflanzen)

Für die Lösung der Aufgaben sind neben dem Fachwissen auch **methodische Kompetenzen** erforderlich:
Dazu gehört die Anwendung von naturwissenschaftlichen bzw. biologischen Methoden, wie z. B.
- das Anfertigen eines mikroskopischen Frischpräparats, das Mikroskopieren und das Auswerten eines mikroskopischen Bildes,
- das Planen, Durchführen und Auswerten von Experimenten.

Des Weiteren zählt dazu das sichere Beherrschen von Arbeitstechniken und Lösungsstrategien. Es ist wichtig, die Aufgabenstellung exakt zu analysieren, um festzustellen, welche Anforderungen die Aufgabenlösung stellt.

In der Regel enthalten die Aufgaben **Operatoren** (z. B. Beschreiben, Begründen, Diskutieren). Operatoren sind Arbeitsanweisungen, die angeben, was gefordert ist.
Die folgende Tabelle enthält eine Auswahl an Operatoren mit jeweiliger Begriffserklärung und Aufgabenbeispielen.

Operator	Bedeutung	Beispiele
Analysieren	systematisches Untersuchen eines Sachverhaltes, bei dem Bestandteile, deren Merkmale und ihre Beziehungen zueinander erfasst und dargestellt werden	*Analysieren Sie die Beziehungen in einem naturnahen Ökosystem.*
Auswerten	Daten, Ergebnisse etc. in einen Zusammenhang stellen, zu einer Gesamtaussage zusammenführen, ggf. Schlussfolgerungen ziehen	*Werten Sie die Versuchsergebnisse aus.*
Begründen bzw. Ableiten	Ursache-Wirkungs-Beziehungen aufzeigen	*Begründen Sie, warum Äpfel kühl gelagert werden sollen.* *Leiten Sie die Folgen des Spindelgiftes für die Verteilung des Erbmaterials bei der Meiose ab.*
Beschreiben	Sachverhalte nach geeigneten Kriterien strukturiert (räumlich bzw. zeitlich) sprachlich darstellen	*Beschreiben Sie die Proteinbiosynthese.* *Beschreiben Sie den Bau einer pflanzlichen Zelle.*
Beweisen	eine Behauptung/Aussage durch logisches Herleiten und mithilfe von sachlichen Argumenten belegen bzw. widerlegen	*Beweisen Sie, dass die Zelle alle Merkmale des Lebens aufweist.*
Bewerten/Beurteilen	Sachverhalte bzw. Aussagen unter Verwendung von Fachwissen an Beurteilungskriterien messen und eine persönliche Stellungnahme formulieren	*Bewerten Sie das Anlegen von Hecken auf großen Ackerflächen aus ökologischer und wirtschaftlicher Sicht.*

Bilden von Hypothesen	eine begründete Annahme/Vermutung formulieren	*An einer Bohnenpflanze soll experimentell geprüft werden, ob Trockenheit die Aufnahme von Kohlenstoffdioxid behindert. Stellen Sie eine begründete Vermutung auf.*
Charakterisieren	das Wesentliche/die Spezifik eines Sachverhaltes sprachlich darstellen	*Charakterisieren Sie das Ökosystem Mischwald.*
Definieren	den zu definierenden Begriff durch Angabe des Oberbegriffs und der invarianten (spezifischen) Merkmale eindeutig bestimmen	*Definieren Sie den Begriff Mutation.*
Diskutieren	Argumente zu einer Aussage oder These einander gegenüberstellen und abwägen	*Diskutieren Sie den Einsatz von Insektiziden in der Nähe eines Gewässers.*
Dokumentieren	notwendige Erklärungen, Herleitungen bzw. Skizzen zu einem Sachverhalt darstellen	*Dokumentieren Sie Ihre Ergebnisse.*
Erklären	Sachverhalte auf allgemeine Aussagen/Gesetzmäßigkeiten zurückführen	*Erklären Sie die Aufnahme von Wasser durch die Wurzel.*
Erläutern	Sachverhalte beschreiben und durch zusätzliche Informationen bzw. mithilfe von Beispielen veranschaulichen	*Erläutern Sie die Bedeutung der Fotosynthese für das Leben auf der Erde. Erläutern Sie den Zusammenhang von Struktur und Funktion am Beispiel eines Zellbestandteils.*
Ermitteln	Zusammenhänge, Lösungen, Größen etc. finden und das Ergebnis formulieren	*Ermitteln Sie aus der vorliegenden Basensequenz der DNS die Aminosäuresequenz des entsprechenden Proteins.*
Interpretieren	Sachverhalte analysieren, Zusammenhänge herausstellen und erklären	*Interpretieren Sie die grafische Darstellung.*

Nennen	Fakten und Begriffe wiedergeben	*Nennen Sie 3 Umwelt-faktoren.*
Ordnen, Klassifizieren	Begriffe, Gegenstände etc. auf der Grundlage bestimmter Merkmale systematisch sortieren	*Ordnen Sie folgende Begriffe in einem Begriffs-system: Assimilation, Stoff- und Energie-wechsel, heterotrophe Assimilation, Dissimilation, Atmung, autotrophe Assimilation, Fotosynthese, Gärung.*
Vergleichen	Gemeinsamkeiten und Unterschiede von Sachverhalten (z. B. Objekte, Prozesse) feststellen	*Vergleichen Sie Assimilation und Dissimilation.*
Zuordnen	Begriffe und Sachverhalte einer vorgegebenen Struktur zuordnen	*Ordnen Sie die vorgegebenen Begriffe in das Schema ein.*

Komplexe, materialgebundene Aufgaben wie die **Pflichtaufgabe** erfordern z. B. darüber hinaus,
- eine zusammenhängende Darstellung anzufertigen,
- den Lösungsweg logisch und nachvollziehbar zu strukturieren,
- eigenes Fachwissen und Methoden zu nutzen und anzuwenden,
- vorgegebene Materialien auszuwerten, Erkenntnisse abzuleiten und diese in geeigneter Weise in die Lösung einzubeziehen,
- die Lösung sprachlich korrekt unter Verwendung der Fachsprache (z. B. Fachbegriffe, Summenformeln) zu verfassen,
- die Darstellung entsprechend der Aufgabenstellung auf das Erforderliche zu begrenzen.

Die Aufgaben entsprechen den **Anforderungsbereichen I, II und III**.
Die Besondere Leistungsfeststellung enthält demzufolge Aufgaben, die
- das Wiedergeben des Gelernten,
- das Anwenden von gelernten Fachinhalten und Methoden auf neue Sachverhalte und
- das Analysieren und Bearbeiten komplexer Sachverhalte mit dem Ziel, selbstständig Lösungswege und Lösungsansätze aufzuzeigen sowie dabei Methoden und Arbeitstechniken in neuen Kontexten selbstständig auszuwählen und anzuwenden,

fordern.

Als Hilfsmittel sind üblicherweise zugelassen:
- ein Wörterbuch zur deutschen Rechtschreibung
- ein nicht programmierbarer, nicht grafikfähiger Taschenrechner (ggf. ein CAS-Rechner)
- eine im Unterricht verwendete Formelsammlung bzw. ein Tafelwerk

2.3 Bewertung

Die Korrektur der schriftlichen Leistungsfeststellung erfolgt durch Fachlehrer. Die Festlegung der Note orientiert sich an der folgenden Tabelle:

Bewertung	Note	BE
sehr gut	1	36–40
gut	2	29–35
befriedigend	3	22–28
ausreichend	4	15–21
mangelhaft	5	8–14
ungenügend	6	0–7

3 Erfolgreiche Teilnahme an der Besonderen Leistungsfeststellung

Schüler haben erfolgreich an der Besonderen Leistungsfeststellung teilgenommen, wenn sie die Bestimmungen zur Versetzung nach der gültigen Thüringer Schulordnung erfüllt haben. Sie haben
- in allen vier Fächern der Besonderen Leistungsfeststellung mindestens die Note 4 erhalten oder
- in höchstens einem Fach die Note 5 bekommen und in den anderen drei Fächern nicht schlechter als mit der Note 4 abgeschlossen oder
- in höchstens zwei Fächern die Note 5 erhalten, können diese beiden Noten aber ausgleichen, und haben im Übrigen nicht schlechter als mit der Note 4 abgeschlossen oder
- in höchstens einem Fach die Note 6 erhalten, können diese aber ausgleichen, und haben in den übrigen Fächern nicht schlechter als mit der Note 4 abgeschlossen.

Ein Ausgleich ist
- für je eine Note 5 durch die Note 2 oder durch die Note 1,
- für eine Note 6 durch zwei Noten 2 oder eine Note 1

möglich.

Erreicht ein Schüler in der schriftlichen Leistungsfeststellung nicht die geforderten Ergebnisse, so ist ein Bestehen im betreffenden Fach nur über eine zusätzliche mündliche Leistungsfeststellung möglich.
Findet eine zusätzliche mündliche Leistungsfeststellung auf Wunsch des Schülers statt, gehen in die Gesamtnote der Besonderen Leistungsfeststellung in diesem Fach das Ergebnis der schriftlichen und das Ergebnis der mündlichen Leistungsfeststellung im Verhältnis 2 : 1 ein.
In den Fächern, in denen die Besondere Leistungsfeststellung erfolgt, werden zur Ermittlung der Note für das Schuljahr die Jahresfortgangsnote und das Ergebnis der Besonderen Leistungsfeststellung gleich gewichtet. In diesen Fächern werden im zweiten Schulhalbjahr der Klassenstufe 10 keine Klassenarbeiten geschrieben. In den weiteren Fächern gelten die Jahresfortgangsnoten als Zeugnisnoten.

Besondere Leistungsfeststellung Thüringen 10. Klasse Biologie
Übungsaufgaben zum Wahlteil

BE

1 Proteine erfüllen im Organismus eines Menschen grundlegende Funktionen.

1.1 Erläutern Sie an zwei Beispielen verschiedene Funktionen von Proteinen im Organismus. 4

1.2 In unserer Nahrung sind neben Kohlenhydraten und Fetten auch Proteine enthalten.
Beschreiben Sie die Verdauung von Proteinen und erläutern Sie die Bedeutung dieses Prozesses für die Proteinbiosynthese. 3

1.3 Interpretieren Sie die folgende Grafik. 3

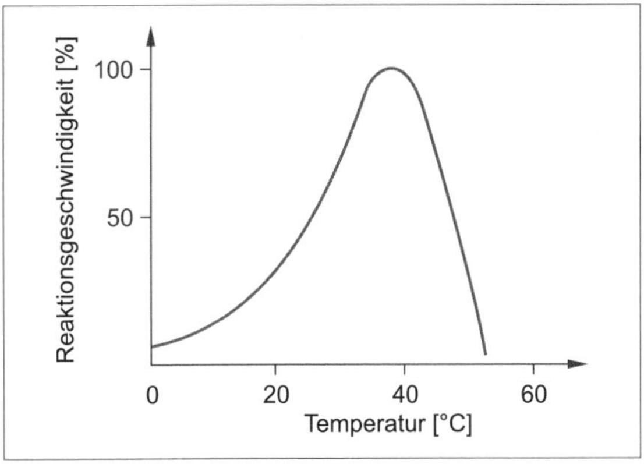

2 Die Entwicklung von Antibiotika basiert auf biologischen Kenntnissen.

2.1 Beschreiben Sie den Weg vom Gen zum Protein. 6

2.2 Entscheiden Sie, welche der im Folgenden angegebenen Antibiotika zu medizinischen Zwecken gegen bakterielle Infektionen beim Menschen eingesetzt werden können und welche nicht.
Begründen Sie Ihre Entscheidungen. 4

Antibiotika	Wirkung
Streptomycin, Tetracyclin	hemmen am 70S-Ribosom die Bindung der Aminosäure an die tRNA
Rifamycin	verhindert Synthese der mRNA in Bakterien
Penicillin	hemmt die Mureinvernetzung der Zellwand
Puromycin	bricht Synthese der Polypeptidkette an 70S- und 80S-Ribosomen ab (jedoch nicht bei einer bestimmten Bakteriengruppe und bei Pilzen, da Puromycin hier nicht in die Zellen eindringen kann)
Amanitin (Gift des Grünen Knollenblätterpilzes)	blockiert Enzyme in eukaryotischen Zellen, wodurch die Synthese der mRNA verhindert wird

Bakterien unterscheiden sich von tierischen und menschlichen Zellen unter anderem in folgenden Merkmalen. Bakterien verfügen über ...

- eine Zellwand aus Murein (ein aus Zucker und Aminosäuren bestehender Komplex, der Festigkeit verleiht),
- 70S-Ribosomen (Ribosomen: Komplexe aus RNA und Proteinen, an denen bei der Proteinbiosynthese Aminosäuren zur Peptidkette verknüpft werden; S = Maßeinheit zur Angabe der Größe und Eigenschaft; Tierische Zellen: 80S-Ribosomen),
- andere Membranlipide und
- einen teilweise spezifischen Stoffwechsel.

3 Zum optimalen Wachstum benötigen Zimmerpflanzen entsprechende Lebensbedingungen.

3.1 Zimmerpflanzen müssen mit Wasser und mit Pflanzendünger versorgt werden.
Begründen Sie diese beiden Maßnahmen. 4

3.2 Entscheiden Sie, ob folgende Aussagen richtig oder falsch sind.
Kreuzen Sie an. 6

	richtig	falsch
a) Die Fotosynthese ist ein heterotropher Assimilationsvorgang.	☐	☐
b) Zur Fotosynthese wird Licht benötigt.	☐	☐
c) Die Fotosynthese ist ein autotropher Dissimilationsvorgang.	☐	☐

d) Die Fotosynthese ist Voraussetzung für den Aufbau von Biomasse bei grünen Pflanzen. ☐ ☐

e) O_2 ist ein Produkt der Fotosynthese. ☐ ☐

f) Die Fotosynthese ist eine wesentliche Grundlage für das Leben auf der Erde. ☐ ☐

4 Die Wurzel ist ein kompliziert gebautes Pflanzenorgan, das für den pflanzlichen Organismus vielfältige Funktionen erfüllt. Wichtig für die Realisierung dieser Funktionen sind die Wurzelhaarzellen.

4.1 Erläutern Sie die Funktionen der Pflanzenwurzel. 4

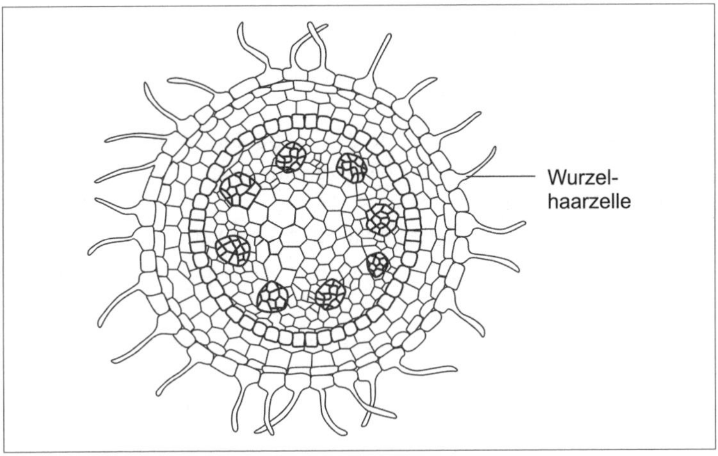

Schematischer Querschnitt durch eine Pflanzenwurzel

4.2 Erklären Sie die Wasseraufnahme durch die Wurzelhaarzelle. 3

4.3

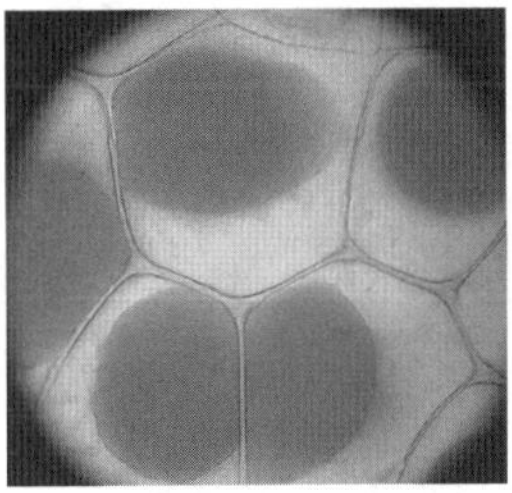

In einem Experiment werden Pflanzen überdüngt. 24 Stunden später wird ein Abzugspräparat der Epidermis hergestellt. Interpretieren Sie das mikroskopische Bild.

Foto: Mnolf; http://commons.wikimedia.org/wiki/File:Rhoeo_Discolor_-_Plasmolysis.jpg; cc-by-sa 3.0 unported 3

5 Wasser ist ein wichtiger Ausgangsstoff der Fotosynthese.

5.1 Geben Sie die Summengleichung für die Fotosynthese an. Vervollständigen Sie die folgende Übersicht über die Stoff- und Energiewechselprozesse. Begründen Sie die Einordnung der Fotosynthese. 4

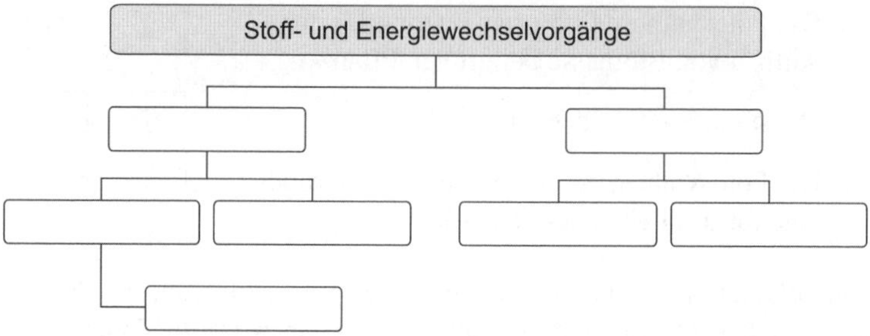

5.2 Eine zu geringe Wasserzufuhr kann zur Verengung der Spaltöffnungen führen. Erläutern Sie die Folgen für das Wachstum der Zimmerpflanze. 3

5.3 Bei einem jungen Birkenbaum wird die Sprossachse ringförmig so durchschnitten, dass der Siebteil, nicht aber der Gefäßteil des Leitbündels durchtrennt wird.
Nach zwei Tagen wird geprüft, ob die Laubblätter welken. Geben Sie eine begründete Vermutung für das Ergebnis A an.
Begründen Sie das Ergebnis B.
Ziehen Sie eine Schlussfolgerung aus dem Versuch. 3

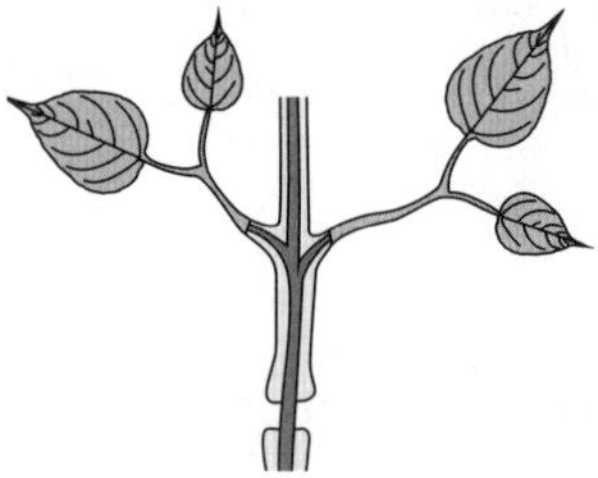

A: 2 Tage später	**B:** 14 Tage später
Ergebnis: ???	**Ergebnis:** Die Pflanze stirbt ab (beginnend im Wurzelbereich).

6 1771 machte Joseph PRIESTLEY auf der Grundlage folgender Versuche eine wichtige Entdeckung:

Versuchsreihe 1:

- In ein verschlossenes Gefäß führte er eine brennende Kerze ein. Nach kurzer Zeit erlosch sie.
- In ein weiteres verschlossenes Gefäß setzte er Mäuse. Nach einiger Zeit starben die Tiere.
- Dann führte er in das Gefäß mit den toten Mäusen eine brennende Kerze ein. Die Flamme erlosch sofort.

Versuchsreihe 2:

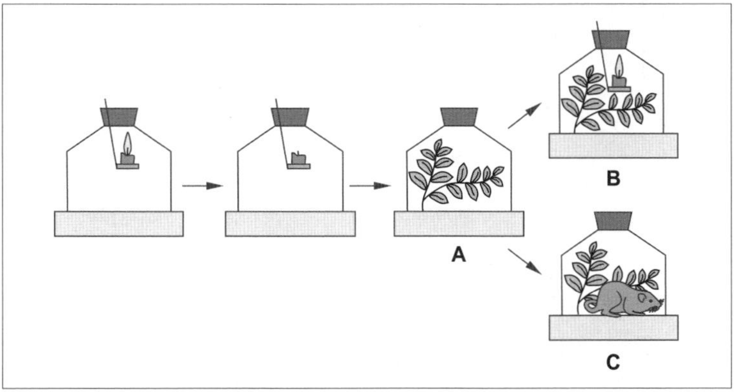

6.1 Erläutern Sie, welche Erkenntnisse PRIESTLEY aus den Experimenten ziehen konnte. 2

6.2 Erklären Sie aus heutiger Sicht das Ergebnis der Versuchsreihe 2. Geben Sie für die ablaufenden biologischen Vorgänge jeweils die Summengleichung an. 4

6.3 Bei der Versuchsanordnung C handelt es sich um ein ökologisches System, in dem unter bestimmten Bedingungen die Lebewesen über einen gewissen Zeitraum überleben können. Erläutern Sie diese Bedingungen. 2

6.4 In das bepflanzte Gefäß A wird etwas Wasser gegeben. Es wird verschlossen und an einem hellen Ort aufgestellt. Nach einigen Monaten sterben die Pflanzen ab. Begründen Sie diese Entwicklung. 2

7 Hohe Erträge in der Landwirtschaft können durch die Optimierung von Umweltfaktoren erzielt werden.

7.1 Die Bestimmung der Fotosyntheseleistung erfolgt über die Messung verschiedener Parameter. Nennen Sie zwei geeignete Parameter. 2

7.2 In Versuchsreihen wurde ermittelt, unter welchen Bedingungen die Fotosyntheseleistung der betreffenden Kulturpflanzen besonders hoch ist. Im Folgenden sind einige Versuchsergebnisse für eine ausgewählte Pflanzenart dargestellt:

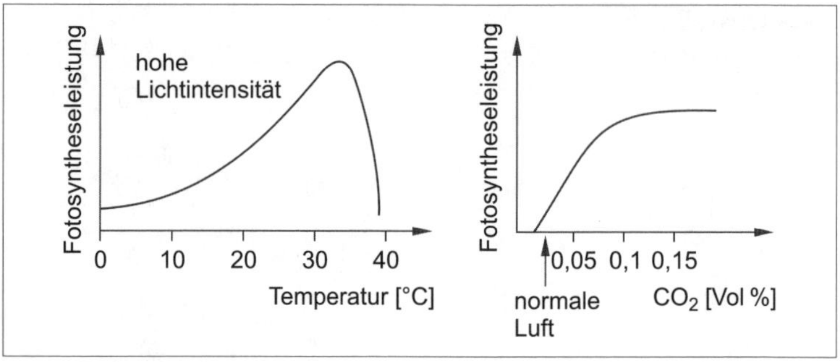

Interpretieren Sie die Ergebnisse. 5

7.3 Leiten Sie aus den Versuchsbedingungen praktische Maßnahmen für die Steigerung der Pflanzenproduktion im Gartenbau bzw. in der Landwirtschaft ab. 3

8 Schattenpflanzen sind an lichtarme Standorte angepasst. Sie haben große dünne Blätter, die keinen effizienten Transpirationsschutz aufweisen.

8.1 Begründen Sie, warum die Fotosyntheseleistung bei Schattenpflanzen nicht erhöht werden kann, wenn man diese auf einem sehr sonnigen Acker bei hoher Lichtintensität anbaut. 3

8.2 Ein Hobby-Gärtner pflanzt eine Tomatenpflanze in sein Gewächshaus, eine weitere erbgleiche Pflanze pflanzt er im Freiland. Im Gewächshaus achtet er darauf, dass die Tomate optimale Wachstumsbedingungen hat. Von der Gewächshaus-Pflanze erntet er die größten Tomaten und gewinnt daraus Samen. Seinem Nachbarn hingegen überlässt er zur Samengewinnung die insgesamt wesentlich kleineren Tomaten aus dem Freiland. Der Nachbar mag kleine, feste Tomaten und wählt nur diese Tomaten zur Samengewinnung aus.
Welche Wachstumsergebnisse sind bei der Ernte im folgenden Jahr zu erwarten? Begründen Sie Ihre Ausführungen. 3

8.3

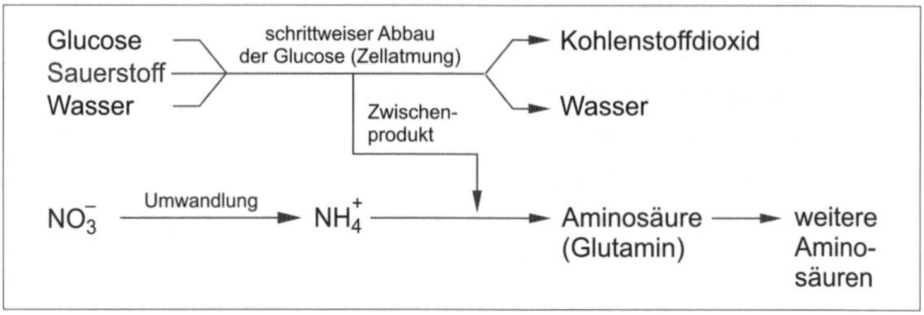

Schematischer Ausschnitt aus dem Stoffwechsel der Pflanzen

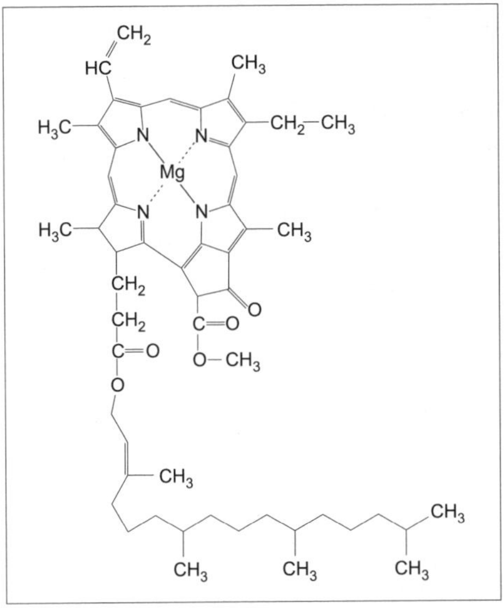

Chlorophyllmolekül
(Chlorophyll a)

Mit der Düngung müssen Pflanzen neben weiteren Mineralsalz-Ionen ausreichende Mengen an Magnesium- und Nitrat-Ionen aus dem Boden aufnehmen.
Erläutern Sie die Bedeutung von Magnesium- und Nitrat-Ionen für die Bildung von pflanzlichen Eiweißen. 4

9 Mitose und Meiose sind grundlegende Zellteilungsprozesse.

9.1 Ordnen Sie die folgenden Abbildungen entsprechend dem Mitoseverlauf und charakterisieren Sie das Wesen dieses Prozesses. 4

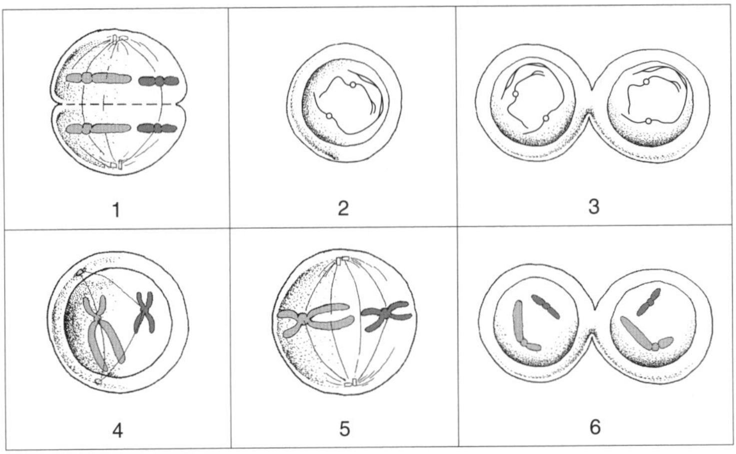

9.2 Vergleichen Sie den Bau der Chromosomen in der ersten (Prophase) und in der vierten Mitosephase (Telophase). 3

9.3 Madagaskar-Immergrün enthält ein Alkaloid, das den Aufbau des Spindelapparats verhindert. Dieses pflanzliche Alkaloid wirkt toxisch. Es kommt als Wirkstoff im Medikament Vinblastin zum Einsatz und wird im Rahmen von Chemotherapien bei Tumorerkrankungen eingesetzt.
Charakteristisch für Tumorzellen ist ihre hohe Teilungsrate.
Erläutern Sie die Funktion des Spindelapparats bei der Mitose. Begründen Sie den Einsatz von Vinblastin als Medikament. 3

10 Mitose und Meiose sind wichtige Voraussetzungen für die Konstanz und die Variabilität von Merkmalen innerhalb einer Art.

10.1 Je nach Körpergewicht besteht der menschliche Körper aus ca. 10 bis 100 Billionen Zellen. Viele dieser Zellen weisen die gleiche Erbinformation auf wie die Zygote, aus der sie hervorgegangen sind.
Erklären Sie diese Aussage. 4

10.2 Bei der geschlechtlichen Fortpflanzung wird die genetische Information der Eltern auf die Nachkommen übertragen. In verschiedenen Merkmalen unterscheiden sich die Kinder jedoch von ihren Eltern.
Nennen Sie zwei konstante und zwei variable Merkmale.
Erläutern Sie die Weitergabe konstanter Erbinformationen der Eltern an ihre Nachkommen. Erklären Sie zwei Möglichkeiten der Entstehung variabler Merkmale. 6

11 Zellteilungsprozesse bilden die Grundlage für Fortpflanzung und Entwicklung.

11.1 Vergleichen Sie Mitose und Meiose hinsichtlich ihres prinzipiellen Ablaufs, ihres Ergebnisses und ihrer Bedeutung. 5

11.2 Zwei Pflanzensorten stehen für drei verschiedene Versuche zur Verfügung.

Sorte 1	rote Stängel
Sorte 2	grüne Stängel
Alle F_1 nach Kreuzung von Sorte 1 und Sorte 2	rote Stängel

1. Versuch: Von Sorte 2 werden Stecklinge gemacht. Daraus entwickeln sich neue Pflanzen.

2. Versuch: Jeweils reinerbige Pflanzen der Sorten 1 und 2 werden miteinander gekreuzt.

3. Versuch: F_1-Nachkommen aus Versuch 2 werden mit Pflanzen der Sorte 1 gekreuzt.

a) Erstellen Sie für den Versuch 2 das entsprechende Kreuzungsschema. Geben Sie den Erbgang an.

b) Aus Nachkommen der Kreuzung im Versuch 2 sollen Pflanzen mit dem reinerbigen Merkmal „rote Stängel" gezüchtet werden. Erläutern Sie die Vorgehensweise.

c) Vergleichen Sie Versuch 1 mit den Versuchen 2 und 3 aus genetischer Sicht. 5

12 Ein Elternpaar hat eine Tochter mit Trisomie 21. In einer humangenetischen Beratungsstelle möchten sie sich darüber informieren, ob bei der jetzt eingetretenen Schwangerschaft erneut ein Kind mit Trisomie 21 zu erwarten ist. Versetzen Sie sich in die Rolle des Humangenetikers.

12.1 Vergleichen Sie Körperzellen und Geschlechtszellen des Menschen. 3

12.2 Erläutern Sie eine Möglichkeit für die Entstehung der Trisomie 21 und beschreiben Sie das Krankheitsbild. 5

12.3 Erläutern Sie eine mögliche Untersuchung, die zur Früherkennung dieser Krankheit geeignet ist. 2

13

Bienen-Königin (links), Drohne (männliche Biene, Mitte) und Arbeiterin (rechts)
aus: Weiß, K.: Bienen und Bienenvölker. C. H. Beck Wissen in der Beck'schen Reihe Nr. 2067, Verlag C. H. Beck, München 1997

Bienen sind Staaten bildende Insekten. Aus einer befruchteten Eizelle des Geleges einer Bienenkönigin können sich unterschiedliche weibliche Tiere entwickeln. Dabei spielt die Ernährung der Larven eine entscheidende Rolle: Wenn diese ausschließlich mit einem speziellen Futtersaft, dem Gelée Royale, aus den Kopfdrüsen der Ammenbienen gefüttert werden, entstehen Königinnen. Erhalten sie dagegen Pollen und Nektar als Nahrung, entwickeln sie sich zu Arbeiterinnen.

13.1 Definieren Sie die Begriffe Mutation und Modifikation. 4

13.2 Handelt es sich bei den Königinnen und Arbeiterinnen um Mutationen oder um Modifikationen?
Begründen Sie Ihre Annahme. 3

13.3 Die Drohnen entwickeln sich aus unbefruchteten Eizellen. Ein Bienenzüchter behauptet, dass alle Drohnen in einem Bienenstock vollkommen erbgleich sind.
Bewerten Sie die Richtigkeit dieser Behauptung und begründen Sie Ihre Aussage. 3

14 Die deutsche Wissenschaftlerin Christiane NÜSSLEIN-VOLHARD erhielt 1995 für ihre Forschung an der Fruchtfliege den Nobelpreis.
Sie arbeitete dabei nach allgemeingültigen Regeln.

14.1 Sie kreuzte unter anderem reinerbige Fruchtfliegen, die sich in ihrer Flügelform unterschieden. Die weiblichen Tiere hatten normale Flügel, die männlichen Tiere besaßen Stummelflügel. In der ersten Tochtergeneration traten nur Tiere mit Normalflügeln auf.
Leiten Sie den entsprechenden Erbgang ab und erklären Sie das Versuchsergebnis mithilfe eines Kreuzungsschemas. 3

14.2 Mutanten mit Stummelflügeln haben auf windreichen Inseln Selektionsvorteile.
Erklären Sie diesen Sachverhalt. 2

14.3 Die Fruchtfliege hat 8 Chromosomen in den Körperzellen. Trotz Verschmelzung von Ei- und Samenzelle bei der geschlechtlichen Fortpflanzung bleibt der arttypische Chromosomensatz erhalten.
Fertigen Sie eine beschriftete Skizze von einem Chromosom an. Erklären Sie unter Einbeziehung der Keimzellenbildung, wie die Anzahl der Chromosomen in den Körperzellen über die Generationen hinweg konstant gehalten wird. 5

15 Ein Rinderzüchter kauft zwei Hausrinder:

Foto: © Can Stock Photo Inc./ Marcogovel

Foto: © Can Stock Photo Inc./hansenn

Eine gescheckte Kuh und einen einfarbigen Bullen. Der Züchter ist sehr enttäuscht, dass nur einfarbige Kälbchen geboren werden.

15.1 Leiten Sie den entsprechenden Erbgang ab. Erklären Sie dem Züchter anhand eines Kreuzungsschemas das Ergebnis dieser Kreuzung und nennen Sie den Wortlaut der zutreffenden Mendelschen Regel. 4

15.2 Erläutern Sie eine Möglichkeit, wie auf der Grundlage dieser Kreuzung auch gescheckte Rinder gezüchtet werden können. 2

15.3 Ca. 95 % der Kühe werden heute künstlich besamt. Dazu wird bei sogenannten „Hochleistungskühen" (Tiere mit erwünschten Eigenschaften, z. B. guter Milchleistung) mittels einer Hormongabe ein mehrfacher Eisprung ausgelöst. Die dadurch entstehenden 10–25 Eizellen werden nach einer Woche aus dem Eileiter ausgespült. Danach erfolgt eine künstliche Befruchtung im Reagenzglas mit den Spermien ausgewählter Bullen.
Eine weitere Methode besteht darin, in künstlich entkernte Eizellen diploide Kerne aus Körperzellen von Hochleistungsrindern einzusetzen.
In beiden Verfahren werden bei In-vitro-Kultivierung die ersten Zellteilungen abgewartet. Danach erfolgt die Zerteilung des Embryos in 4–8 Einzelzellen. Diese Einzelzellen werden jeweils in „Ammenkühe" eingesetzt, die die Kälber austragen.
Vergleichen Sie beide Methoden aus genetischer Sicht.
Erläutern Sie den Vorteil dieser Methoden in der Tierhaltung. 4

16 Viele Indizien sprechen dafür, dass die Vielfalt der Lebewesen auf gemeinsame Ursprungsformen zurückzuführen ist.

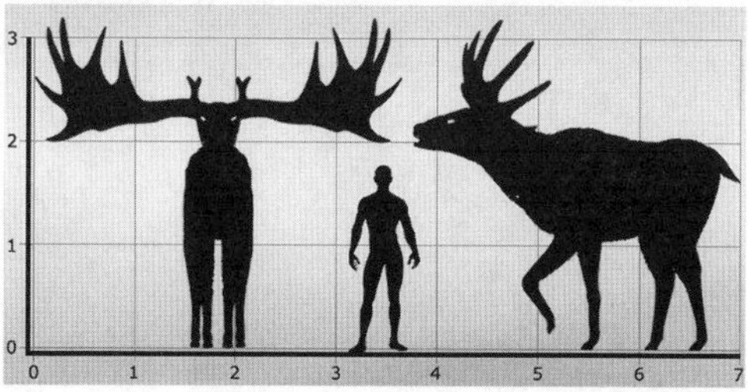

Größe des Riesenhirschs im Vergleich zum Menschen
Quelle: www.prehistoric-wildlife.com; reproduced with permission

16.1 Der Riesenhirsch *Megaloceros giganteus* hat sich aus einer Stammform der Hirsche entwickelt. Diese Stammform lebte in dichten Wäldern. Die Spannweite der Geweihe der männlichen Tiere betrug ca. 1,5 m. Während einer Eiszeit vor ca. 400 000 Jahren, in der die dichten Wälder vernichtet wurden, entwickelte sich der Riesenhirsch. Die Spannweite des Geweihs der männlichen Tiere hatte sich auf etwa 3,5 m erhöht. Dies lässt sich anhand von Skelettfunden belegen.
Erklären Sie die Entstehung von Hirschen mit diesem riesigen Geweih aus der Sicht der Synthetischen Evolutionstheorie. 5

16.2 Erläutern Sie den Begriff Homologie. 3

16.3 Erläutern Sie die Bedeutung von homologen Organen für die Evolutionsforschung. 2

17 Natürliche Ökosysteme sind zur Selbstregulation befähigt. Entsprechend ihrer geografischen Lage sind unsere Ökosysteme mehr oder weniger schädlichen Umwelteinflüssen ausgesetzt.
Die Erhaltung und der Schutz natürlicher Ökosysteme müssen ein weltweites Anliegen werden.

17.1 Erklären Sie den Prozess der Selbstregulation an einem selbstgewählten Ökosystem. 5

17.2 Erläutern Sie anhand eines Beispiels die Folgen schädlicher Umwelteinflüsse auf dieses Ökosystem. Nennen Sie zwei Möglichkeiten, durch die Sie persönlich zum Umweltschutz beitragen können. 5

18 Ausgewählte landschaftliche Gebiete werden heute unter Einbeziehung ökologischer Kenntnisse bewusst gestaltet.

18.1 Bei der Renaturierung von Braunkohletagebauflächen werden heute bevorzugt Mischwälder statt reiner Fichtenwälder angepflanzt. Begründen Sie diese Entscheidung. 4

18.2 Der Thüringer Nationalpark Hainich ist zurzeit mit ca. 5 000 Hektar die größte nutzungsfreie Laubwaldfläche in Deutschland.
Auf einem Flyer ist zu lesen:

Foto: Michael Fiegle; http://commons.wikimedia.org/wiki/File:NLP_Hainich_Schild.jpg?uselang=de; cc-by-sa 3.0 unported

Manch ein Besucher bezeichnet das Liegenlassen von Ästen oder umgestürzten Bäumen dagegen als Verschwendung von Rohstoffen. Es werden immer wieder Vorwürfe laut, der Wald sei vernachlässigt und unordentlich.
Von anderer Seite wird kritisiert, dass im Nationalpark Rotwild geschossen wird.
Bewerten Sie die Aussagen. 6

19 Verschiedene Apfelsorten bereichern heute unseren Speiseplan.

19.1 Werden die Äpfel in einem warmen Keller gelagert, ist zu beobachten, dass sie schnell schrumpfen und an Gewicht verlieren. Erklären Sie diesen Sachverhalt. 3

19.2 Begründen Sie zwei Maßnahmen, durch die das Schrumpfen der Äpfel eingeschränkt wird. 4

19.3 Unsere Apfelsorten sind durch Züchtung entstanden. Ein Apfelzüchter besitzt zwei reinerbige Apfelsorten. Eine Sorte ist süß (aa). Die zweite Sorte trägt saure Früchte (bb). Der Züchter möchte durch Kreuzungsversuche eine neue Sorte mit ausgeglichenem Geschmack erzeugen. Ist dieses Zuchtziel zu realisieren?
Begründen Sie Ihre Annahme unter Verwendung eines Kreuzungsschemas. 3

Lösungen

1.1 **Erläuterung** anhand zweier **Beispiele:**

- Proteine sind grundlegende Bestandteile der Zellen und wirken als Struktureiweiße. Zu den Struktureiweißen zählen beispielsweise das Kollagen im Knochen und Knorpel sowie das Aktin und das Myosin im Muskel. Sie sind Voraussetzung für den Aufbau des Körpers und für seine Bewegungsfähigkeit.
- Proteine sind Bestandteil von Enzymen. Enzyme katalysieren biochemische Reaktionen, z. B. Verdauung und Zellatmung.

Oder:

- Einige Proteine wirken als Hormone. Hormone wie z. B. das Insulin, das für die Regulation des Blutzuckerspiegels zuständig ist, übermitteln Informationen.

1.2 **Beschreibung:** Die Verdauung der Proteine beginnt im Magen. Im sauren Milieu (das durch die Abgabe von HCl entsteht) werden Proteine unter Wirkung von Enzymen (z. B. Pepsin) in Peptide gespalten. Diese gelangen anschließend in den Dünndarm. Die Bauchspeicheldrüse gibt Sekrete in den Dünndarm ab, die den Nahrungsbrei neutralisieren. Unter der Wirkung weiterer Enzyme (z. B. Trypsin) erfolgt hier die Spaltung der Peptide in Aminosäuren, die von der Dünndarmwand resorbiert werden.

Erläuterung: Die resorbierten Aminosäuren werden über das Blut zu den Zellen transportiert. Den Zellen stehen somit u. a. die bei der Verdauung entstehenden Aminosäuren für die Proteinbiosynthese zur Verfügung.

1.3 **Interpretation:** Die Grafik zeigt die Abhängigkeit der Reaktionsgeschwindigkeit von der Temperatur. Der Kurvenverlauf entspricht einer Optimumkurve. Mit steigender Temperatur erhöht sich auch die Reaktionsgeschwindigkeit. Dies liegt daran, dass sich bei hohen Temperaturen die Substrat- und die Enzymmoleküle schneller bewegen und somit häufiger aufeinandertreffen. Folglich steigt die Anzahl der Enzym-Substrat-Reaktionen.
Der Optimumbereich liegt bei ca. 30–40 °C. Hier ist die Enzymaktivität am höchsten. Bei Temperaturen von über 40 °C sinkt die Enzymaktivität und geht bei ca. 50 °C gegen 0. Ursache hierfür ist die Denaturierung der Proteinbestandteile der Enzyme, die zur Unwirksamkeit führt.

2.1 **Beschreibung:**

Die Proteinbiosynthese beginnt im Zellkern mit der **Transkription**. Der DNA-Doppelstrang wird an bestimmten Stellen durch spezifische Enzyme geöffnet. An den codogenen Strang der DNA lagern sich freie komplementäre mRNA-Nukleotide aus dem Kernplasma an. Sie verbinden sich zu einer Kette und bilden die mRNA (Boten-RNA). Bei der Transkription wird die in der DNA gespeicherte Information für ein bestimmtes Gen auf die mRNA umgeschrieben.
Die mRNA gelangt anschließend aus dem Zellkern in das Zellplasma und dient als Kopiervorlage für den Aufbau körpereigener Proteine.

Im Zellplasma läuft die **Translation** ab. Die Ribosomen lagern sich an die mRNA an. Parallel dazu werden im Zellplasma spezifische, aktivierte Aminosäuren an die jeweils passenden tRNA-Moleküle (Transport-RNA) gebunden. Entsprechend der komplementären Basenpaarung zwischen m- und tRNA werden die Aminosäuren vom Start- zum Stopp-Signal nach der genetischen Information in die entstehende Aminosäurekette eingebaut. Die Aminosäuren werden enzymatisch durch Peptidbindungen zu Polypeptiden miteinander verknüpft. Im letzten Schritt kommt es zur Ablösung der Proteine. Bei der Translation wird die genetische Information in die Aminosäuresequenz eines Proteins übersetzt.

2.2 **Entscheidung:** Zu medizinischen Zwecken können Streptomycin, Tetracyclin, Rifamycin und Penicillin als Antibiotika genutzt werden. Nicht genutzt werden können Puromycin und Amanitin.

Begründung:

- Streptomycin, Tetracyclin und Rifamycin hemmen ausschließlich die Eiweißsynthese bei Bakterien, da menschliche Zellen nicht über 70S-Ribosomen verfügen, die von Streptomycin und Tetracyclin beeinflusst werden, und Rifamycin nur die mRNA-Synthese bei Bakterien verhindert.
- Penicillin hemmt die Mureinvernetzung der Bakterienzellwand. Folglich wird die vollständige Entwicklung der Bakterienzellen verhindert.
  Beim Menschen gibt es keine entsprechenden Strukturen.

Durch die genannten Wirkstoffe kann folglich die Ausbreitung der Bakterienzellen behindert/verhindert werden, ohne die Teilungen und den Stoffwechsel menschlicher Zellen zu beeinflussen.

- Puromycin hemmt die Proteinbiosynthese von Bakterien und menschlichen Zellen gleichermaßen, sodass bei dessen Einsatz neben den Bakterien auch menschliche Zellen geschädigt würden.
- Amanitin wirkt in menschlichen Zellen. Bei dessen Einsatz würden diese absterben. Bakterien würden hingegen nicht beeinflusst werden.

3.1 **Begründung:** Das Wasser und die im Pflanzendünger enthaltenen Mineralien sind für die Pflanzen überlebenswichtige Nährstoffe.

Das **Wasser** bildet zum einen eine Grundlage für den Ablauf der Fotosynthese, da es ein Ausgangsstoff für diesen Stoffwechselprozess ist. Zum anderen reguliert es den Schließmechanismus der Spaltöffnungen und beeinflusst somit auch die CO_2-Aufnahme der Pflanzen. Darüber hinaus ist das Wasser ein grundlegendes Löse-, Transport- und Quellungsmittel sowie ein wichtiges Reaktionsmedium, da sich die meisten biologischen Reaktionen im wässrigen Milieu vollziehen.

Der **Pflanzendünger** stellt Mineralien zur Verfügung, die die Pflanze ebenfalls zum Leben braucht. Die Makronährelemente, wie z. B. C, O, N, S und Mg, sind lebensnotwendig. Wenn nur ein Makronährelement fehlt, kommt es zu Mangelerscheinungen.

3.2 **Entscheidung:**

	richtig	falsch
a) Die Fotosynthese ist ein heterotropher Assimilationsvorgang.	☐	☒
b) Zur Fotosynthese wird Licht benötigt.	☒	☐
c) Die Fotosynthese ist ein autotropher Dissimilationsvorgang.	☐	☒
d) Die Fotosynthese ist Voraussetzung für den Aufbau von Biomasse bei grünen Pflanzen.	☒	☐
e) O_2 ist ein Produkt der Fotosynthese.	☒	☐
f) Die Fotosynthese ist eine wesentliche Grundlage für das Leben auf der Erde.	☒	☐

4.1 **Erläuterung:** Die Wurzel bildet die Grundlage für die **Verankerung** der Pflanze im Boden. Sie kann entweder tief in den Boden eindringen oder sich flach nach allen Seiten verzweigen.

Durch die außen an der Wurzel liegenden Wurzelhaare ist außerdem eine effektive **Wasser- und Mineralsalzaufnahme** möglich. Die Wurzel ist von Leitgewebe durchzogen und hat somit auch eine wichtige Funktion für den Stofftransport innerhalb des Pflanzenkörpers. So werden die oberirdischen Organe mit Wasser und Mineralsalzen versorgt.

Aus den Laubblättern werden Assimilate in die Wurzel transportiert. Bei vielen Pflanzen dient die Wurzel als **Speicherorgan**.

4.2 **Erklärung:** Das Wasser wird über die Wurzelhaarzellen aufgenommen. Diese sind durch sehr dünne Zellwände und semipermeable Zellmembranen begrenzt. Innerhalb der Wurzelhaarzellen liegt eine relativ hohe Konzentration an gelösten Stoffen und relativ wenig Wasser vor, außerhalb der Wurzelhaarzelle, im Erdboden, befindet sich relativ viel Wasser mit relativ wenigen gelösten Stoffen. Aufgrund des Konzentrationsunterschieds wird das Wasser durch die Wurzelhaarzellen mittels **Osmose** aufgenommen. Als Osmose wird die Diffusion durch eine semipermeable (halbdurchlässige) Membran bezeichnet. Derartige Membranen lassen Wassermoleküle und bestimmte gelöste Substanzen passieren, andere gelöste Substanzen können die Membran z. B. aufgrund ihrer Teilchengröße nicht durchdringen. Die Wassermoleküle diffundieren dem Konzentrationsgefälle folgend vom Ort der höheren Wassermolekülkonzentration zum Ort der niedrigen Wassermolekülkonzentration, das heißt aus dem umgebenden Erdreich in die Wurzelhaarzelle.

4.3 **Interpretation:** Normalerweise ist die Vakuole prall gefüllt und der Zellsaft übt einen starken Druck gegen die Zellmembran aus. In einer höher konzentrierten Salzlösung (durch Überdüngung) entsteht zwischen dem Zellinneren und der Außenlösung ein Konzentrationsgefälle. Es erfolgt ein Konzentrationsausgleich unterschiedlich konzentrierter Lösungen über die semipermeable Zellmembran durch den Austritt von Wasser aus der Zelle. Aufgrund dessen sinkt der Zellinnendruck und die Zellmembran löst sich von der Zellwand (Plasmolyse).

5.1 **Summengleichung der Fotosynthese:**

$$6\,CO_2 + 12\,H_2O \longrightarrow C_6H_{12}O_6 + 6\,O_2 + 6\,H_2O$$ *oder*

$$6\,CO_2 + 6\,H_2O \longrightarrow C_6H_{12}O_6 + 6\,O_2$$

Übersicht:

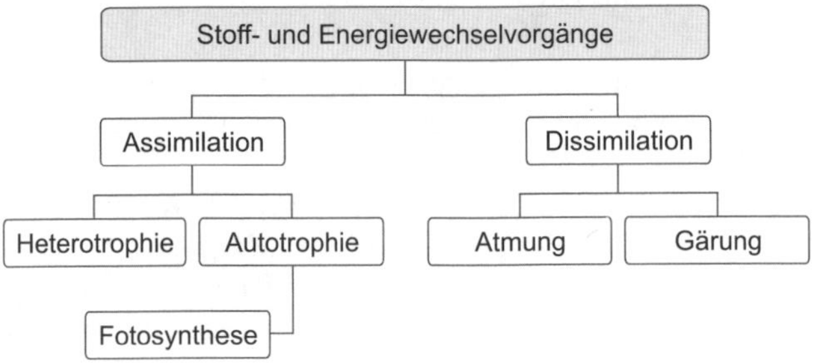

Begründung: Bei der Fotosynthese werden körperfremde in körpereigene Stoffe umgewandelt. Die Fotosynthese ist folglich der **Assimilation** zuzuordnen.
Energiearme anorganische Stoffe (CO_2 und H_2O) werden zu energiereichen organischen Stoffen umgesetzt. Damit muss es sich beim Vorgang der Fotosynthese um autotrophe Assimilation handeln.

5.2 **Erläuterung:** Durch den Wassermangel verschließen sich die Spaltöffnungen, über die im Normalfall das Kohlenstoffdioxid für die Fotosynthese aufgenommen wird. Dadurch dass die Pflanze CO_2 nicht mehr in ausreichendem Maße aufnehmen kann, sinkt die Fotosyntheserate. Es wird weniger Biomasse produziert und das Wachstum der Zimmerpflanze wird eingeschränkt.
Außerdem beeinträchtigt der Wassermangel zusätzlich auch die weiteren Lebensfunktionen, da Wasser das wichtigste Löse-, Transport- und Quellungsmittel sowie Reaktionsmedium ist.

5.3 **Begründete Vermutung für A:** Die Laubblätter welken nicht, da durch den unbeschädigten Gefäßteil weiter Wasser aufgenommen werden kann.

Begründung für B: Die Pflanze stirbt ab, da die in den grünen Laubblättern bei der Fotosynthese gebildeten Assimilate (Glucose) nicht zu den anderen Pflanzenteilen, v. a. nicht bis zu den Wurzelzellen, transportiert werden können, weil der Siebteil durchtrennt ist.

Schlussfolgerung: Der Transport von Wasser und von Assimilaten erfolgt über verschiedene Strukturen.

6.1 **Erläuterung:**
- **Versuchsreihe 1:** Im ersten Behälter erlosch die von PRIESTLEY eingeführte Kerze nach kurzer Zeit. PRIESTLEY konnte daraus schließen, dass für die Verbrennung ein Luftbestandteil benötigt wird, der verbraucht wird.
  In den zweiten Behälter setzte er Mäuse, die nach einer gewissen Zeit starben. PRIESTLEY vermutete, dass die Tiere für die Atmung einen Luftbestandteil benötigen, der verbraucht wird. Dadurch dass die in den Behälter mit den toten Mäusen eingeführte Kerze sofort erlosch, konnte PRIESTLEY zeigen, dass für die Verbrennung der gleiche Luftbestandteil benötigt wird wie für die Atmung.
- **Versuchsreihe 2:** Zuerst wurde der betreffende Luftbestandteil durch das Verbrennen einer Kerze verbraucht. Danach gab PRIESTLEY grüne Pflanzen in das Gefäß (A). Setzte er dann nach einer gewissen Zeit eine

Maus in den Behälter, erstickte sie nicht (C). Auch wenn er eine brennende Kerze einführte, brannte diese weiter (B). Er konnte daraus schließen, dass die Pflanzen genau den Luftbestandteil produzieren, der für die Atmung und für die Verbrennung benötigt wird.

6.2 **Erklärung:** Beim Verbrennen der Kerze wird Sauerstoff verbraucht. Es entsteht Kohlenstoffdioxid. Die in dieses Gefäß gegebenen grünen Pflanzen betreiben Fotosynthese. Hierbei werden Kohlenstoffdioxid und Wasser unter Einwirkung von Licht auf das Chlorophyll zu Glucose und Sauerstoff umgewandelt. Es wird also Sauerstoff produziert. Diesen benötigen die Maus zum Atmen und die Kerze zum Brennen. Folglich können sowohl die Maus als auch die Flamme wieder im Behälter überleben. Die Maus und die Kerze wiederum produzieren bei der Atmung bzw. der Verbrennung Kohlenstoffdioxid, das der Pflanze als Ausgangsstoff für die Fotosynthese dient.

Summengleichung der Fotosynthese:

$$6\,CO_2 + 12\,H_2O \longrightarrow C_6H_{12}O_6 + 6\,H_2O + 6\,O_2$$

Summengleichung der Zellatmung:

$$C_6H_{12}O_6 + 6\,H_2O + 6\,O_2 \longrightarrow 6\,CO_2 + 12\,H_2O$$

6.3 **Erläuterung:** Das aus Pflanze und Maus bestehende geschlossene System kann nur solange aufrechterhalten werden, wie sich Sauerstoff und Kohlenstoffdioxid in einem für die beiden Lebewesen geeigneten Verhältnis befinden. Dieses ist u. a. von der Lichtintensität, der Beleuchtungsdauer, der Temperatur, der Menge an Wasser und der eingesetzten Anzahl an Pflanzen und Tieren abhängig.
Bei der Fotosynthese produziert die Pflanze Traubenzucker und Sauerstoff. Dies sind die Ausgangstoffe für die Zellatmung von Pflanze und Maus. Die Pflanze stellt die Nahrung für die Maus dar. Über die Zellatmung wird das für die Fotosynthese der Pflanze benötigte Kohlenstoffdioxid zurückgewonnen.
Sind die Bedingungen für die Fotosynthese günstig und stehen der Maus somit genügend Nahrung und Sauerstoff zur Verfügung, kann ein Stoffkreislauf für einen bestimmten Zeitraum aufrechterhalten werden.
Auf lange Sicht kann das Ökosystem nur erhalten bleiben, wenn sich ein intakter Stoffkreislauf ausbildet, bei dem abgestorbene Pflanzenteile und die Ausscheidungen der Maus durch Destruenten wieder in Mineralstoffe zerlegt werden, die die Pflanze zum Wachstum nutzen kann.

6.4 **Begründung:** Die Pflanzen überleben eine Zeit lang, da sie bei der Fotosynthese Sauerstoff bilden, den sie wiederum für die Zellatmung brauchen. Durch die Zellatmung wird Kohlenstoffdioxid frei, das wieder zur Fotosynthese genutzt wird. Das Wasser, das bei der Fotosynthese zum Aufbau von organischen Stoffen verbraucht wird, wird ebenfalls durch die Zellatmung wieder bereitgestellt (siehe Summengleichung in Aufgabe 6.2).
Nach einer bestimmten Zeit tritt aber ein Mangel an Nährsalz-Ionen auf. So fehlen z. B. Magnesium-Ionen für den Aufbau von Chlorophyll. Die Pflanzen können dadurch keine Fotosynthese mehr betreiben, verbrauchen aber weiterhin Glucose und Sauerstoff in der Zellatmung. Nach einer Zeit sind die „Energiereserven" der Pflanzen aufgebraucht und sie sterben ab.

7.1 **Geeignete Parameter:**
Die Fotosyntheseleistung kann man z. B. an der Menge …
- des gebildeten Sauerstoffs,
- der produzierten Biomasse und
- des verbrauchten Kohlenstoffdioxids

ablesen.

7.2 **Interpretation:** Wird die Außentemperatur erhöht, steigt auch die Fotosyntheseleistung bis zu einem bestimmten Punkt deutlich an. Bei höherer Temperatur laufen die biochemischen Vorgänge schneller ab (Kurvenanstieg). Bei zu hoher Temperatur werden jedoch die Eiweiße, wie z. B. die Enzyme, geschädigt und die Fotosynthese kann nicht mehr ablaufen (Kurve fällt schnell ab).
Durch die Erhöhung der Kohlenstoffdioxidkonzentration in der Außenluft erhalten die Pflanzen mehr Ausgangsstoff für die Fotosynthese und folglich nimmt die Fotosyntheseleistung zu (Kurvenanstieg). Bei einer bestimmten Konzentration ist die höchstmögliche Kapazität erreicht, d. h., die Leistungsfähigkeit kann auch durch eine weitere Erhöhung der CO_2-Konzentration nicht mehr gesteigert werden (Abflachen der Kurve).

7.3 **Ableitung praktischer Maßnahmen:**
- Steigerung der Kohlenstoffdioxidkonzentration in der Luft von Gewächshäusern
- Schaffung einer optimalen Temperatur für die im Gewächshaus angebauten Pflanzen bzw. Anbau von Pflanzen in Gebieten mit geeigneten Temperaturen

8.1 **Begründung:** Schattenpflanzen sind nicht an sonnige Standorte angepasst. Da sie keinen effizienten Transpirationsschutz besitzen, verlieren sie bei starker Sonneneinstrahlung viel Wasser. Das führt dazu, dass die Spaltöffnungen geschlossen werden. Dadurch wird die CO_2-Aufnahme deutlich verringert. Damit fehlt ein wichtiger Ausgangsstoff für die Fotosynthese und die Fotosyntheseleistung sinkt sogar.

8.2 **Begründung:** Die erbgleichen Tomatenpflanzen verfügen über die gleiche Erbinformation. Mit den Samen werden diese weitergegeben.
Die aufgrund der unterschiedlichen Bedingungen verschieden großen Tomaten sind **Modifikationen**. Die Größe der Früchte kann nur innerhalb der genetischen Reaktionsnorm variieren. Werden von den unterschiedlich großen Tomaten Samen gewonnen, enthalten sie alle wieder jeweils die gleichen Erbinformationen.
Die Tomaten werden sich bei beiden Gärtnern folglich, sofern diese die Pflanzen unter gleichen Umweltbedingungen anbauen, hinsichtlich ihrer Größe im Durchschnitt nicht unterscheiden. Die Auswahl hat also keinen Effekt.

8.3 **Erläuterung: Magnesium-Ionen** werden für den Aufbau von Chlorophyll benötigt. Chlorophyll wiederum ist für den Ablauf der Fotosynthese erforderlich.
Zur Energiegewinnung wird die in der Fotosynthese aufgebaute Glucose veratmet. Aus einem Zwischenprodukt, das beim schrittweisen Abbau der Glucose entsteht, wird zusammen mit NH_4^+ (Ammonium-Ionen) die Aminosäure Glutamin gebildet. Die NH_4^+-Ionen werden von der Pflanze aus den mit dem Dünger aufgenommenen **Nitrat-Ionen** (NO_3^-) gewonnen.
Glutamin ist Ausgangsstoff für die Synthese weiterer Aminosäuren, die die stoffliche Voraussetzung für die Proteinbiosynthese sind. Somit ist die ausreichende Versorgung mit Magnesium- und Nitrat-Ionen eine der Voraussetzungen für die Bildung pflanzlicher Eiweiße.

9.1 **Verlauf der Mitose:**

- **Abbildungen 2 und 4 – Erste Phase (Prophase):** In dieser Phase werden durch die Spiralisierung des Chromatins die Zweichromatid-Chromosomen sichtbar. Die Kernspindel wird ausgebildet und die Auflösung der Kernmembran beginnt.
- **Abbildung 5 – Zweite Phase (Metaphase):** Dieser Phase ist dadurch gekennzeichnet, dass sich die Zweichromatid-Chromosomen in der Äquatorialebene anordnen.

- **Abbildung 1 – Dritte Phase (Anaphase):** In dieser Phase werden die Chromatiden der Zweichromatid-Chromosomen durch den Spindelapparat getrennt. Die Chromatiden werden zu den Zellpolen gezogen.
- **Abbildungen 6 und 3 – Vierte Phase (Telophase):** In dieser Phase bildet sich die Kernspindel zurück. Die Kernmembran formiert sich wieder. Die Bildung von zwei erbgleichen Tochterzellen erfolgt durch Plasmateilung und Bildung neuer Zellmembranen. Die Chromatiden beginnen sich wieder zu entspiralisieren.

Charakterisierung des Wesens der Mitose:
Die Mitose ist eine Form der Kernteilung, bei der aus einer diploiden Zelle zwei genetisch gleiche diploide Zellen entstehen.

9.2 **Vergleich:**

- **Unterschiede:**
  - In der ersten Phase befinden sich **Zweichromatid-Chromosomen** in der Zelle. Diese sind aus zwei Schwester-Chromatiden aufgebaut, die am Zentromer miteinander verbunden sind.
  - Da die Zweichromatid-Chromosomen im Verlauf der Mitose voneinander getrennt werden, liegen in der vierten Phase **Einchromatid-Chromosomen** vor. Am Ende der Telophase wird die Chromosomenstruktur durch Entspiralisierungsprozesse aufgelöst. Das Erbmaterial liegt in Form von Chromatin vor.
- **Gemeinsamkeiten:**
  - Sowohl Einchromatid- als auch Zweichromatid-Chromosomen enthalten Erbinformationen und sind somit Grundlage für die Ausbildung von Merkmalen.
  - Beide Formen bestehen chemisch aus Eiweißen und Nukleinsäuren.

9.3 **Erläuterung:** Der Spindelapparat bewirkt, dass bei der Mitose die Zweichromatid- in Einchromatid-Chromosomen aufgetrennt und die Einchromatid-Chromosomen an die entgegengesetzten Zellpole gezogen werden. Damit ist der Spindelapparat eine entscheidende Voraussetzung für die Zellteilung.

Begründung: Bei Krebskranken teilen sich bestimmte entartete Zellen des menschlichen Körpers ungehemmt, sie bilden den Primärtumor und auch eventuelle Metastasen. Setzt man Medikamente ein, die den Aufbau des Spindelapparats blockieren, können sich die Zellen nicht mehr teilen. Die Wirkung betrifft vor allem die Zellen, die sich in ständiger Teilung befinden. Deshalb wirkt das Medikament insbesondere auf Krebszellen. Aber auch gesunde Körperzellen sind bis zu einem gewissen Grad betroffen (Nebenwirkungen).

10.1 **Erklärung:** Jeder menschliche Organismus entwickelt sich aus einer Zygote. Körperzellen entstehen durch mitotische Teilungen. Die in der Mutterzelle bei der Mitose gebildeten Einchromatid-Chromosomen enthalten die gesamte Erbinformation für die Ausbildung der arttypischen Merkmale. Die identische Replikation ist Grundlage für die Bildung der Zweichromatid-Chromosomen. Die Erbinformation der beiden gebildeten Tochterzellen und die Erbinformation der Mutterzelle sind folglich identisch. Durch die Prozesse „identische Replikation" und „Mitose" ist gewährleistet, dass bei der Teilung von Körperzellen das genetische Material und somit die Erbinformation für die Ausbildung der Merkmale in den gebildeten Tochterzellen konstant bleibt.

10.2 **Konstante Merkmale:** z. B. grundlegend gleicher innerer und äußerer Bau des menschlichen Körpers, wie Aufbau des Skeletts, Gebisses
Variable Merkmale: z. B. Haarfarbe, Hautfarbe, Körpergröße

Erläuterung:
- Die Meiose ist die Grundlage für die Bildung haploider Geschlechtszellen, die nach der Befruchtung der Eizelle durch ein Spermium das Entstehen einer diploiden Zygote ermöglichen.
- Aus der Zygote entwickelt sich durch eine Folge mitotischer Teilungen ein menschlicher Organismus.
- Mitose und Meiose hängen eng mit der Replikation der DNA zusammen. Durch die Replikation können aus den nach Zellteilungen vorliegenden Einchromatid-Chromosomen wieder Zweichromatid-Chromosomen gebildet werden.

Erklärung:
- In der ersten Phase der Meiose I (Prophase I) kommt es zur Paarung der homologen Chromosomen. Bei diesem Prozess kann es zum Bruchstückaustausch zwischen Nicht-Schwesterchromatiden (Crossing over) kommen.
- In der dritten Phase der Meiose I (Anaphase I) werden die homologen Chromosomen getrennt und auf die beiden Pole verteilt. Dabei ist die Verteilung der mütterlichen und väterlichen Chromosomen zufallsbedingt.
- Durch Umwelteinflüsse können Merkmale im Rahmen der genetischen Reaktionsnorm unterschiedlich ausgeprägt werden (z. B. Körpergewicht, Muskelaufbau).

11.1 **Vergleich:**

<table>
<tr><th></th><th>Mitose</th><th>Meiose</th></tr>
<tr><td rowspan="2">Ablauf</td><td colspan="2">– Die Prozesse laufen prinzipiell in den gleichen Phasen (Pro-, Meta-, Ana- und Telophase) ab.
– Grundlage für ihren Ablauf ist der Spindelapparat.</td></tr>
<tr><td>– Im Verlauf der Mitose werden Zweichromatid-Chromosomen in Einchromatid-Chromosomen getrennt.</td><td>– Während der Meiose werden zuerst homologe Chromosomen voneinander getrennt, bevor die Trennung der Zweichromatid-Chromosomen in Einchromatid-Chromosomen erfolgt.</td></tr>
<tr><td>Ergebnis</td><td>– Es entstehen zwei erbgleiche Zellen, die einen diploiden Chromosomensatz aufweisen.</td><td>– Es werden haploide, genetisch variable Keimzellen gebildet.</td></tr>
<tr><td rowspan="2">Bedeutung</td><td colspan="2">– Beide Prozesse sind Grundlagen für die Erhaltung der Art.</td></tr>
<tr><td>– Die Mitose ist wichtig für Wachstums- und Regenerationsprozesse. Außerdem ist sie Grundlage für die ungeschlechtliche Fortpflanzung.</td><td>– Die Meiose ist die Grundlage für die Erhaltung des arttypischen Chromosomensatzes bei der geschlechtlichen Fortpflanzung.</td></tr>
</table>

11.2 a) **Kreuzungsschema von Versuch 2:**

RR × gg

	R	R
g	Rg	Rg
g	Rg	Rg

Legende:
R = dominantes Merkmal, roter Stängel
r = rezessives Merkmal, grüner Stängel

Es handelt sich um einen **dominant-rezessiven Erbgang**.

b) **Erläuterung:**

Bei der Kreuzung Rg × Rg entstehen in der F_2-Generation u. a. Pflanzen mit rotem Stängel:

RR	Rg	gg
reinerbig rot	mischerbig rot	reinerbig grün
1 :	2 :	1

Von den roten Pflanzen wird zufällig ein Exemplar ausgewählt und eine Selbstbestäubung vorgenommen. Entstehen in der folgenden Generation nur Pflanzen mit rotem Stängel (Schema A), sind diese wie die Elternpflanze reinerbig (RR) und können für die weitere Züchtung verwendet werden. Entstehen hingegen auch Pflanzen mit grünem Stängel (Schema B), handelte es sich bei der Elternpflanze um ein mischerbiges Individuum (Rg) und der Versuch muss wiederholt werden.

A

	R	R
R	RR	RR
R	RR	RR

B

	R	g
R	RR	Rg
g	Rg	gg

c) **Vergleich:**
Die Individuen, die in Versuch 1 entstehen, sind – genetisch gesehen – mit der Mutterpflanze identisch.
Bei Versuch 2 entstehen neben reinerbigen Pflanzen (entsprechend den Eltern) auch mischerbige Varianten (Spaltungsgesetz).
Bei Versuch 3 entstehen 50 % reinerbige und 50 % mischerbige Pflanzen.

12.1 **Vergleich:**
Körper- und Geschlechtszellen tragen in ihrem Zellkern Körperchromosomen und Geschlechtschromosomen.
Sie unterscheiden sich im Bezug auf deren Anzahl:

	männlich	**weiblich**
Körper-zellen	44 Körperchromosomen 2 Geschlechtschromosomen	44 Körperchromosomen 2 Geschlechtschromosomen
Geschlechts-zellen	22 Körperchromosomen 1 Geschlechtschromosom	22 Körperchromosomen 1 Geschlechtschromosom

12.2 **Erläuterung:** Eine mögliche Ursache für das Entstehen der Trisomie 21 ist ein Fehler in der Chromosomenverteilung während der Meiose.
Der Fehler kann z. B. in der ersten Reifeteilung auftreten, wenn das homologe Chromosomenpaar 21 nicht getrennt wird.
Im Karyogramm Betroffener ist das Chromosom 21 dreimal zu finden. Es handelt sich demzufolge um eine Veränderung in der arttypischen Chromosomenanzahl.

Beschreibung: Menschen mit Down-Syndrom haben typische körperliche Merkmale, z. B. ein eher flaches Gesicht, schräge Lidachsen, eine Hautfalte am inneren Augenwinkel, kleine Ohren sowie breite Hände mit durchgehender Handfurche und relativ kurzen Fingern. Sie weisen in der Regel eine Muskelschwäche auf und ihre Körpergröße liegt gewöhnlich unterhalb des Durchschnittes. Durch Abweichungen im Immunsystem sind Betroffene sehr anfällig für Infekte. Die Sprachentwicklung und die motorische Entwicklung verlaufen insgesamt verzögert. Die intellektuellen Fähigkeiten sind in der Regel vermindert.

12.3 **Erläuterung:** Beispielsweise kann eine Fruchtwasseruntersuchung durchgeführt werden. Bei diesem Verfahren wird der Schwangeren in der Regel zwischen der 14. und der 16. Schwangerschaftswoche mit einer Kanüle Fruchtwasser aus der Fruchtblase entnommen. Im Fruchtwasser sind fetale Zellen zu finden, an denen der Chromosomensatz genau untersucht werden kann.

13.1 **Definitionen:**
- **Mutationen** sind spontane oder durch Mutagene ausgelöste Veränderungen des Genotyps.
- **Modifikationen** sind durch Umweltfaktoren hervorgerufene Veränderungen des Phänotyps im Rahmen einer genetisch festgelegten Reaktionsnorm.

13.2 **Annahme:** Bei den Königinnen und Arbeiterinnen handelt es sich um Modifikationen.

Begründung: Die Tiere entstehen aus den befruchteten Eizellen **einer** Königin, die von **einer** Drohne befruchtet wurde. Die Entwicklung zur Königin oder zur Arbeiterin erfolgt ausschließlich durch unterschiedliche Nahrung. Das zeigt, dass diese unterschiedlichen Entwicklungen durch einen Umweltfaktor ausgelöst werden.

13.3 **Bewertung:** Die von dem Bienenzüchter aufgestellte Behauptung ist **falsch**.

Begründung: Drohnen entwickeln sich aus unbefruchteten Eizellen. Diese entstehen durch Meiose. Im Ergebnis der Meiose werden genetisch variable Keimzellen gebildet. Die Variabilität wird z. B. durch meiotische Rekombination (z. B. Crossing over) erreicht.
Da die Eizellen, aus denen die Drohnen entstehen, genetisch variabel sind, können auch die Drohnen nicht vollkommen erbgleich sein.

14.1 **Ableitung des Erbgangs und Erklärung des Versuchsergebnisses:** Das Allel für das Merkmal „normale Flügel" (F) ist dominant gegenüber dem für das Merkmal „Stummelflügel" (f) und die Eltern müssen reinerbige Merkmalsträger sein, da in der F_1-Generation ausschließlich normalflügelige Individuen auftreten.
Folglich wurden hier Weibchen mit dem Genotyp FF mit Männchen mit dem Genotyp ff gekreuzt.

	f	f
F	Ff	Ff
F	Ff	Ff

14.2 **Erklärung:** Auf Inseln mit starkem Wind werden vermehrt Individuen mit normalen Flügeln auf das Meer geweht, weil sie im Flug, aber auch durch die Flügel selbst dem Wind eine große Angriffsfläche bieten. Individuen mit Stummelflügeln hingegen sind im Bezug auf den Selektionsfaktor „Wind" überlegen. Folglich überleben auf den entsprechenden Inseln mehr Individuen mit dem Genotyp ff bis ins fortpflanzungsfähige Alter und zeugen Nachkommen. Diese haben, je nach Genotyp des anderen Elternteils, entweder die Allelkombination ff oder Ff. Individuen mit dem Genotyp Ff sind normalflügelig und unter dem betreffenden Umweltfaktor benachteiligt. Durch natürliche Auslese erhöht sich mit der Zeit folglich der Anteil an Individuen mit Stummelflügeln (ff).

14.3 **Skizze:**

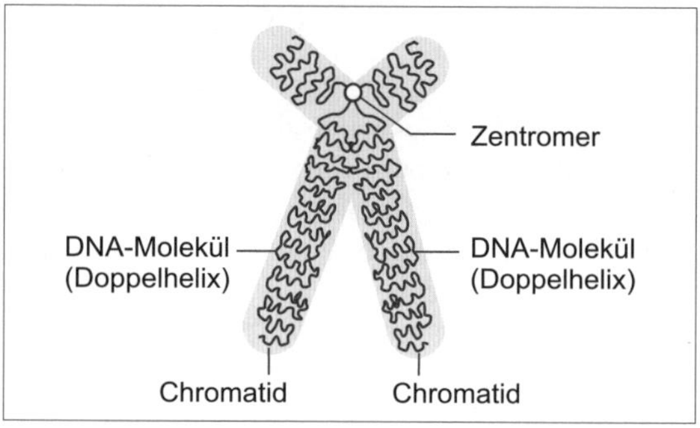

Erklärung: Grundlage für die **Erhaltung des arttypischen Chromosomensatzes** bei der geschlechtlichen Fortpflanzung ist die Meiose.

- **1. Reifeteilung:**
  - Es kommt zur Paarung der homologen Chromosomen.
  - Durch den Spindelapparat werden die homologen Chromosomen getrennt und jeweils zu einem der Pole gezogen.

- Aus einer diploiden Mutterzelle entstehen zwei Tochterzellen mit je einem haploiden Chromosomensatz.
  ⇒ Halbierung des Chromosomensatzes

– **2. Reifeteilung:**
  - In jeder Tochterzelle werden durch den Spindelapparat die Chromatiden der Chromosomen getrennt und auf beide Pole verteilt.
  - So entstehen vier Geschlechtszellen mit je einem haploiden Chromosomensatz aus Einchromatid-Chromosomen.

Bei der Befruchtung einer Eizelle durch ein Spermium entsteht eine Zygote mit diploidem Chromosomensatz. Durch identische Replikation wird die DNA der Einchromatid-Chromosomen verdoppelt. Im Ergebnis liegen Zweichromatid-Chromosomen vor.
Die Teilung der Zygote und später der Körperzellen erfolgt durch Mitose. Bei diesem Vorgang gehen aus diploiden Mutterzellen diploide Tochterzellen hervor.
Der arttypische Chromosomensatz bleibt demnach durch die Reduktion auf den haploiden Chromosomensatz bei der Keimzellenbildung, die Verdopplung auf den „normalen" diploiden Chromosomensatz bei der Befruchtung und die Konstanthaltung bei der Teilung der Körperzellen letztendlich über die Generationen konstant.

15.1 **Ableitung und Erklärung des Ergebnisses:** Das Allel für das Merkmal „einfarbig" (A) ist gegenüber dem Allel für das Merkmal „gescheckt" (a) dominant und die Eltern sind reinerbige Merkmalsträger. Nur so ist es möglich, dass alle Nachkommen in der F_1-Generation einfarbig sind.
Die gescheckte Kuh hat folglich die Anlage aa und der Bulle die Anlage AA.

	A	A
a	Aa	Aa
a	Aa	Aa

1. Mendelsche Regel: Kreuzt man zwei Individuen einer Art, die sich in einem Merkmal unterscheiden, das beide Individuen reinerbig aufweisen, so sind die Individuen der F_1-Generation in diesem Merkmal gleich.

15.2 **Erläuterung:** Werden Individuen der F_1-Generation gekreuzt, besteht eine 25 %ige Wahrscheinlichkeit, dass Tiere mit dem Merkmal „gescheckt" auftreten. Dieses Merkmal tritt nur bei homozygoten Merkmalsträgern (aa) auf. Werden diese Tiere untereinander gekreuzt, entstehen immer wieder reinerbige gescheckte Tiere.

15.3 **Vergleich:**

- **Gemeinsamkeiten:** Das genetische Material für die Nachkommen stammt von ausgewählten Hochleistungsrindern. Durch Klonierung werden aus **einem** Embryo **mehrere** identische diploide Zellen erzeugt. Die Kälber dieses Klons sind genetisch identisch, sodass mit einer relativ gleichen Merkmalsausprägung der Nachkommen zu rechnen ist.
- **Unterschiede:** Bei der ersten Methode werden die einer Hochleistungskuh entnommenen Eizellen künstlich durch Spermien befruchtet. Das genetische Material von Kuh und Bulle wird kombiniert.
  Bei der zweiten Methode wird der entkernten Eizelle ein diploider Kern des Hochleistungsrindes eingesetzt, sodass das genetische Material mit dem des Elterntieres, dem der diploide Kern entnommen wurde, identisch ist.

Erläuterung: Bei beiden Methoden liefern Hochleistungsrinder das genetische Material für die Nachkommen. So werden gezielt Anlagen von erwünschten Merkmalen weitervererbt. Die Tiere tragen die Kälber aber nicht selbst aus, sondern dies wird von Ammenkühen übernommen. Somit wird die Nachkommenzahl von einzelnen, für die Zucht besonders wertvollen Hochleistungsrindern erhöht.
Bei der zweiten Methode wird auf eine Befruchtung und somit auf eine Kreuzung verzichtet. Die Nachkommen sind mit dem ausgewählten Hochleistungsrind genetisch komplett identisch (Klone). Alle Nachkommen weisen somit mit Sicherheit die gleichen erwünschten Merkmale auf wie das Elterntier.

16.1 **Erklärung:** Nach der **synthetischen Evolutionstheorie** geht man von einer genetisch variablen Hirschpopulation aus. Der Genpool verändert sich unter anderem durch Mutation und Rekombination ständig. Nur an die jeweilige Umwelt angepasste Varianten überleben und zeugen Nachkommen (Selektionsprinzip). Sie geben ihr genetisches Material an ihre Jungen weiter. Damit setzen sich ihre spezifischen Merkmale durch.

- In den Warmzeiten lebten die Hirsche in dichten Wäldern, die Schutz boten. Stark ausgeprägte Geweihe stellten unter diesen Bedingungen keinen Selektionsvorteil, sondern wahrscheinlich sogar einen Nachteil dar (Hängenbleiben).
- In den Kaltzeiten ist der Waldbestand zurückgegangen. Durch die veränderten Umweltbedingungen veränderte sich auch der Selektionsdruck: Große Geweihe boten den Tieren in der offenen Landschaft z. B. Schutz vor Fressfeinden oder sie konnten sich in Kämpfen mit Artgenossen um Reviere und Fortpflanzungspartner besser behaupten.

16.2 **Erläuterung:** Als **Homologien** bezeichnet man Ähnlichkeiten in der Gestalt oder in anderen Merkmalen zwischen Individuen unterschiedlicher Arten, die auf verwandtschaftlichen Beziehungen basieren. Sie sind also auf Merkmale gemeinsamer Vorfahren zurückzuführen.
Im Verlauf der Evolution können homologe Organe in Anpassung an unterschiedliche Funktionen spezifische Veränderungen aufweisen.

16.3 **Erläuterung:** Für die Qualität von Stammbaumanalysen ist immer die Auswahl der Merkmale bedeutsam. Homologe Organe können als Argumente für Verwandtschaft herangezogen werden, weil ihr Grundbauplan gleich ist und sie so Hinweise auf gemeinsame Vorfahren geben.
Zu beachten ist aber, dass sich viele dieser Organe im Verlauf der Evolution verändert haben, da ihr Bau an ihre jeweilige Funktion angepasst ist. Homologien sind daher oft nicht leicht zu erkennen.

17.1 **Erklärung anhand des Beispiels Ökosystem Mischwald:** Die Selbstregulation eines Mischwaldes ist die Fähigkeit, trotz seines stofflich und energetisch offenen Charakters und sich ständig verändernder Umweltfaktoren die Zusammensetzung der Biozönose und die Populationen einzelner Arten dieses natürlichen Systems über längere Zeiträume relativ konstant zu halten. Störfaktoren, wie z. B. ein Massenbefall durch Schadinsekten, können weitgehend kompensiert werden.
Ein natürlicher Mischwald weist durch seine komplexe Struktur zahlreiche ökologische Nischen auf. Diese sind Lebensgrundlage für eine große Artenzahl. Durch die Komplexität des daraus resultierenden Nahrungsnetzes können die Störgrößen in der Regel ausgeglichen werden.

17.2 **Beispiel Ökosystem Mischwald:**
Erläuterung: Ein schädlicher Umwelteinfluss ist z. B. die zunehmende Schadstoffbelastung der Luft und die dadurch hervorgerufene Bildung von saurem Regen.
Die Belastung durch Luftschadstoffe führt zu der Entstehung von saurem Regen: Die Abgase aus Haushalten, Verkehr und Industrie verbinden sich mit dem Regen und fallen als schwach saure Lösungen auf den Boden. Dies führt auf längere Sicht zur Übersäuerung des Bodens. Damit wird die Bodenqualität für die Pflanzen ungünstig bis unbrauchbar. Viele Pflanzen werden im Laufe der Zeit krank oder sterben im ungünstigsten Fall ab.

Handlungsmöglichkeiten: Da die Luftverschmutzung ein großes Problem darstellt, versuche ich durch sparsames und sinnvolles Heizen sowie durch die Nutzung von öffentlichen Verkehrsmitteln anstelle meines Motorrades der Luftverschmutzung in unserer Region entgegenzuwirken.

18.1 **Begründung:** Mischwälder haben im Vergleich zu reinen Fichtenwäldern (Monokulturen) u. a. folgende Vorteile:
- Große Artenvielfalt
- Komplexes Nahrungsnetz
- Kompensation von Schädlingskalamitäten
- Aufbau einer hochwertigeren Humusschicht durch Komplexität im Stoffstrom
- Gute Windbeständigkeit durch Raumstruktur des Mischwaldes

Da das Ökosystem „Mischwald“ als natürliches System im Vergleich zur Monokultur „Fichtenwald“ viele Vorteile aufweist, ist die getroffene Entscheidung richtig. Mischwälder sind insgesamt stabile Systeme, Erhaltungsmaßnahmen durch den Menschen sind aus diesem Grund kaum erforderlich. Weiterhin ist auch der Erholungswert des Mischwaldes für den Menschen wesentlich höher.

18.2 **Bewertung:** Das Waldgebiet im Nationalpark Hainich soll sich ungestört entwickeln. Im Verlauf dieser Entwicklung wird sich ein ökologisches Gleichgewicht einstellen.
Die strukturreichen Laubholzbestände stellen zahlreichen Pilzen, Pflanzen und Tieren geeignete Lebensräume zur Verfügung. Vor allem das Totholz bietet Nahrung und Unterschlupf für viele Insekten, Bakterien und Pilze und wird von ihnen langsam abgebaut. Die Abbauprodukte reichern sich im Waldboden an und stehen den Pflanzen somit als Nährstoffe zur Verfügung.
Werden umgestürzte Bäume und abgebrochene Äste aus dem Wald entfernt, alte Bäume gefällt und das Gehölz vom Unterwuchs befreit, hat dies eine Strukturarmut des betroffenen Gebiets zur Folge. Dadurch finden weit weniger Pflanzen-, Pilz- und Tierarten einen Lebensraum. Auch wird sich wahrscheinlich kein ökologisches Gleichgewicht einstellen. Unter diesen Bedingungen findet das Rotwild optimale Gegebenheiten (z. B. wenige natürliche Feinde, großes Nahrungsangebot) vor und kann sich stark vermehren.
Meiner Meinung nach ist es sinnvoll, in einem Nationalpark die Natur weitgehend „sich selbst zu überlassen“. Andererseits sind vor allem anfangs regulierende Maßnahmen wie die Dezimierung des Rotwilds erforderlich, um langfristig die Stabilität des Systems zu sichern.

19.1 **Erklärung:** Die Äpfel besitzen Mitochondrien und betreiben **Zellatmung**. Bei diesem dissimilatorischen Stoffwechselvorgang werden körpereigene Stoffe unter Verwendung von Sauerstoff vollständig zu Kohlenstoffdioxid und Wasser abgebaut. Dabei wird Energie in Form von ATP und Wärme freigesetzt. Da Stoffwechselvorgänge durch Enzyme katalysiert werden, beschleunigt Wärme diesen Prozess. Die Äpfel verlieren Biomasse und schrumpfen.

19.2 **Begründung:** Die Zellatmung muss gehemmt werden, um den Biomasseabbau zu verlangsamen.

- Eine verminderte Konzentration an Sauerstoff in den Lagerräumen hemmt den Atmungsprozess, da Sauerstoff ein Ausgangsstoff für die Zellatmung ist.
- Da enzymatische Reaktionen bei niedrigen Temperaturen verlangsamt ablaufen, könnte der Masseverlust der Äpfel auch durch die Lagerung bei kühleren Temperaturen verringert werden.

Oder:

- Die Erhöhung der CO_2-Konzentration vermindert ebenfalls den Biomasseabbau, da die Zellatmung dadurch negativ beeinflusst wird.

19.3 **Begründung:** Das vorgegebene Zuchtziel ist realisierbar. Der Züchter hat zwei reinerbige Ausgangspflanzen, die verschiedene Allele für den Geschmack haben. Die Allele sind gleich stark. Folglich handelt es sich um einen **intermediären Erbgang**. Bei der Kreuzung entstehen Äpfel, die sich durch einen milden Geschmack auszeichnen.

	b	b
a	ab	ab
a	ab	ab

Besondere Leistungsfeststellung Thüringen 10. Klasse Biologie
Beispielaufgabe 1

BE

Pflichtaufgabe: Mutationen

Albino-Gorilla
Foto: Parc Zoològic de Barcelona
© Prado-Martinez - BMC Genomics

Gorillas haben normalerweise ein dunkles Fell, doch es werden auch Individuen mit einem weißen Fell beobachtet. Albinos treten auch bei anderen Tierarten z. B. bei Rehen und verschiedenen Vögeln auf. Ursache für das weiß erscheinende Fell ist ein Farbstoffmangel.

Das Auftreten von Albinos ist nur ein Beispiel dafür, dass sich das Erscheinungsbild von Lebewesen „sprunghaft" verändern kann. Fertigen Sie für eine Schülerzeitschrift einen Fachartikel zum Thema „Mutationen" an. Beziehen Sie folgende Schwerpunkte ein:

- Ursachen
- Weitergabe an die Nachkommen
- Auswirkungen auf Merkmalsausbildung, Lebensprozesse des Individuums und auf den Fortbestand der betroffenen Art
- Bedeutung von Mutationen

Beziehen Sie in Ihre Darstellung geeignete Sachverhalte aus den nachfolgenden Materialien ein. 20

Material 1

Mutationen können auch ohne spektakuläre Wirkung sein.

Bei der Rotbuche treten neben „normalen" Laubblättern auch purpurne, kleine, rundliche (links) und schmale, geschlitzte Laubblätter (rechts) auf.

Material 2

Experimente an der Fruchtfliege *Drosophila* haben gezeigt, dass sich Mutationsraten z. B. durch Röntgenstrahlen deutlich erhöhen lassen. Heute weiß man, dass übermäßige UV-Bestrahlung beim Sonnenbaden zu DNA-Veränderungen der Hautzellen führt und so Hautkrebs entstehen kann. Zahlreiche Versuche mit Pflanzen und Tieren beweisen, dass auch Genussmittel, Arzneimittelbestandteile, Zusätze von Kosmetika sowie Schädlings- und Unkrautbekämpfungsmittel Veränderungen des Erbgutes von Lebewesen bewirken können.

Material 3

Für die Färbung von Fell und Haut bei Tier und Mensch ist Melanin verantwortlich. Der Farbstoff basiert auf der Erbinformation mehrerer Gene. Mutationen sind ursächlich für die Störung der Synthese der „normalen" Proteine und somit für Defekte bei der Melaninproduktion verantwortlich.
In einem Experiment wurden bei verschiedenen Säugetieren normalfarbige homozygote Weibchen mit einem Albinomännchen gekreuzt. Das Ergebnis waren normalfarbige Nachkommen.

Material 4

Die Sichelzellenanämie wird rezessiv vererbt. Bei dieser Krankheit nehmen die roten Blutkörperchen bei Sauerstoffmangel (z. B. bei anstrengenden Tätigkeiten) eine sichelförmige Gestalt an. Da diese „Sichelzellen" nicht so elastisch sind wie normale Erythrozyten, verstopfen sie die Blutkapillaren, sodass die Organe nicht ausreichend mit Sauerstoff versorgt werden. Die Sichelzellen werden vom Körper als krank erkannt und abgebaut, was zu Anämien (Blutarmut) führt. Reinerbige Träger des mutierten Gens haben eine deutlich verringerte Lebenserwartung.
Das defekte Gen tritt in bestimmten Regionen Afrikas mit einer Häufigkeit von bis zu 20 % auf. Diese Regionen decken sich weitgehend mit den Verbreitungsgebieten des Malaria-Erregers. Menschen, die in Bezug auf Sichelzellenanämie mischerbig sind, zeigen eine Malariaresistenz.

Normaltyp	… – GGA – CTT – CTT …
Mutante bei Sichelzellenanämie	… – GGA – CAT – CTT …

Ausschnitte aus den DNA-Strängen

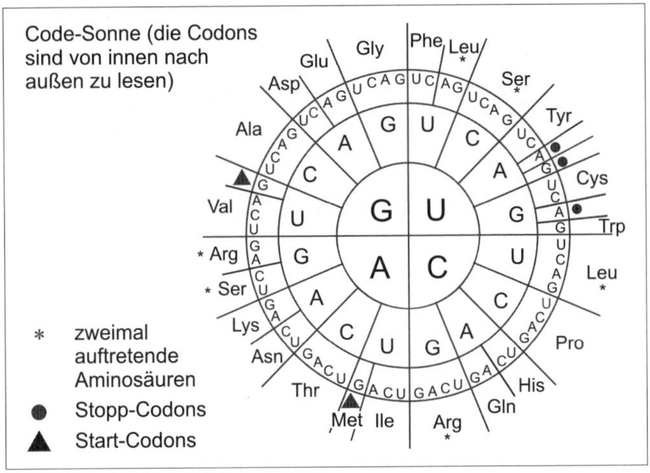

Code-Sonne (die Codons sind von innen nach außen zu lesen)

Material 5

Heute existierende Pflanzen sind auf gemeinsame Stammformen zurückzuführen. Vielfalt entsteht unter natürlichen, aber auch unter künstlichen Bedingungen (Zucht).

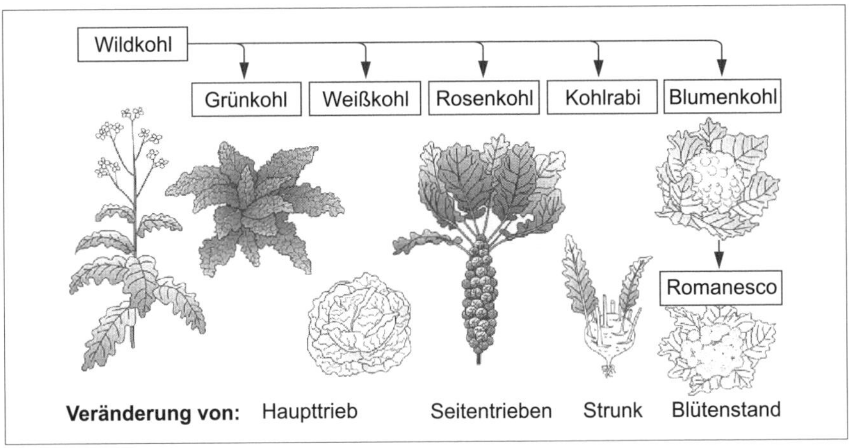

Zuchtformen des Wildkohls
Quelle: Knauer, B. et al.: Natura Biologie für Gymnasien, Evolution. Klett-Verlag, Stuttgart 2007, S. 25

Viele Kulturpflanzen sind polyploid. Sie zeichnen sich gegenüber diploiden Formen z. B. durch einen üppigeren Wuchs und deutlich größere Zellen aus.

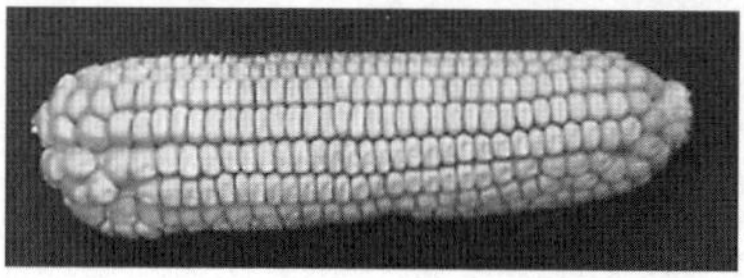

Mais (2n)

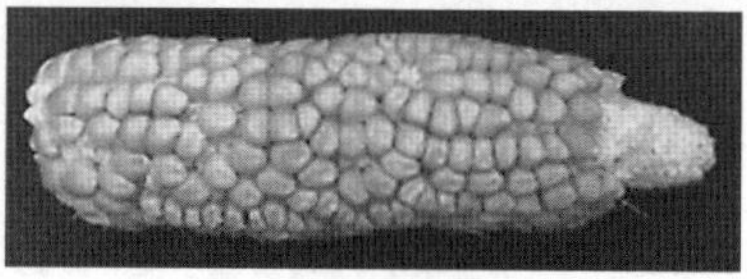

Mais (4n)

Quelle: www.polyploidy.org

Material 6

Die Blutgruppen des Menschen im AB0-System sind auf Mutationen zurückzuführen. Die Blutgruppen werden durch drei unterschiedliche Allele bestimmt, von denen A und B gegenüber 0 dominieren.

Material 7

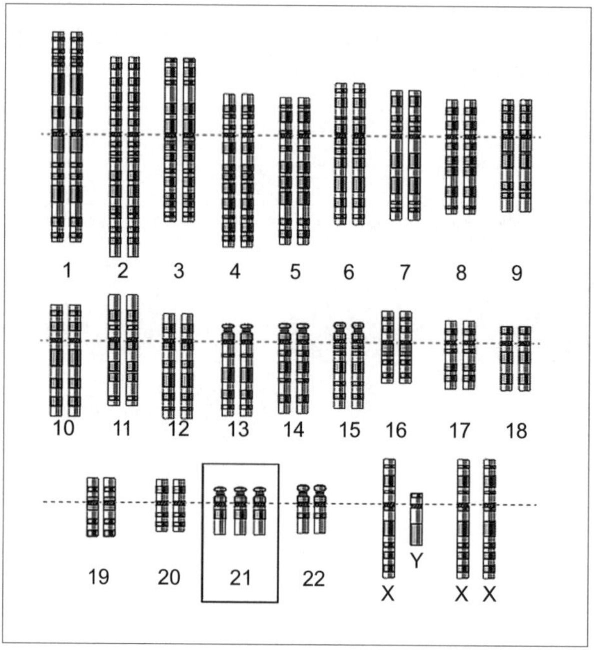

Karyogramm bei Trisomie 21
Quelle: National Human Genome Research Institute; www.genome.gov

Wahlaufgabe A1: Naturwissenschaft in der Landwirtschaft, Mendel

1 Naturwissenschaftliche Erkenntnisse spielen auch in der Landwirtschaft eine große Rolle. Der Zuckerrübenanbau erfolgt häufig in Monokultur. Aus arbeitswirtschaftlichen Gründen werden Zuckerrüben nach der Ernte am Feldrand zwischengelagert. In einem Experiment wurde auf drei Feldern die Rübenernte jeweils auf drei Haufen verteilt und unter verschiedenen Bedingungen gelagert.

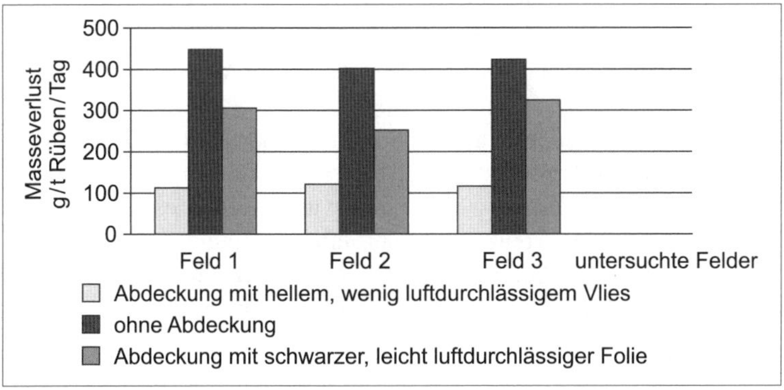

1.1 Interpretieren Sie die Grafik.
Begründen Sie die Notwendigkeit einer sinnvollen Zwischenlagerung und einer schnellen Verarbeitung der Zuckerrüben. 4

1.2 Für die Herstellung von Silage werden Rübenblätter und die als Abfallprodukte bei der Zuckergewinnung entstehenden Rübenschnitzel, die einen Restgehalt an Zucker aufweisen, verwendet.

Mikro-organismen	**optimale Bedingungen (Auswahl)**	**Stoffwechselprozesse und -produkte**
Essigsäure-bakterien	pH-Wert 3–4	Umwandlung von Alkohol zu Essigsäure
Schimmel-pilze	mit Sauerstoff; werden bei pH-Werten unter 4 inaktiv, aber nicht abgetötet	Eiweiße werden abgebaut, z. T. Bildung von Toxinen (Giftstoffe).
Fäulnis-bakterien	mit Sauerstoff, über pH 5,2	Eiweiße werden zu NH_3 abgebaut.
Hefen	pH-Wert ca. 2,7–4,1	z. B. Bildung von Alkohol
Milchsäure-bakterien	pH-Wert 4–4,5	Milchsäure

Verschiedene Mikroorganismen, die am pflanzlichen Material haften, das zur Silage verwendet wird

a) Die Silageherstellung erfolgt in Silos oder luftundurchlässigen Folienschläuchen. Die Silierung muss zügig anlaufen.
Begründen Sie diese Maßnahmen unter Verwendung der Angaben in der Tabelle.

b) Die Silage enthält einen geringen Anteil an Alkohol und Essigsäure, der beim Öffnen des Silos entweicht.
Geben Sie dafür eine begründete Vermutung an. 4

1.3 Erläutern Sie die Wirkung eines biotischen und eines abiotischen Umweltfaktors auf die Fotosyntheserate bei Zuckerrübenpflanzen. 3

1.4 Erläutern Sie Vor- und Nachteile des Anbaus in Monokultur. 3

2 Die japanische Wunderblume, an der C. CORRENS um 1900 die Mendelschen Regeln wiederentdeckte, besitzt verschiedenfarbige Blüten und Blätter. Mit Pflanzen dieser Art wurde folgendes Experiment durchgeführt: Man kreuzte Wunderblumen mit mittelgrünen Blättern untereinander. Auf dem Versuchsfeld konnten nach dem Aussäen der Samen folgende Phänotypen ausgezählt werden:

Farbe der Blätter	**Anzahl der Pflanzen**
hellgrün	393
mittelgrün	812
dunkelgrün	407

2.1 Leiten Sie den entsprechenden Erbgang ab und erklären Sie das Versuchsergebnis mithilfe eines Kreuzungsschemas. 4

2.2 Formulieren Sie die zutreffende Mendelsche Regel. 2

Wahlaufgabe A2: Grundlagen der Vererbung, Stoff- und Energiewechsel

1 Frau Mustermann hat ein Kind mit der Blutgruppe 0 entbunden. Die Vaterschaft ist unklar. Blutanalysen führen zu folgendem Ergebnis:

Name	**Blutgruppe**
Frau Mustermann	B, mischerbig
Herr Mustermann	A, reinerbig
Herr Schmidt	A, mischerbig

Beide Männer fordern eine humangenetische Beratung. Der befragte Humangenetiker geht folgendermaßen vor:

- Er skizziert ein Chromosom und erläutert dessen Funktion.
- Er definiert die Begriffe Phänotyp, Genotyp, dominant-rezessiver Erbgang und codominanter Erbgang.
- Er definiert die Begriffe reinerbig, mischerbig, dominant und rezessiv und veranschaulicht sie am Beispiel der Blutgruppen.
- Weiterhin erklärt er den Männern unter Verwendung eines Kreuzungsschemas, wer als Vater infrage kommt und wer ausgeschlossen werden muss.

Übernehmen Sie die Rolle des Humangenetikers. 10

2 Der Stoff- und Energiewechsel ist ein wichtiges Lebensmerkmal aller Organismen.

2.1 Diese Übersicht zu den Stoff- und Energiewechselprozessen ist fachlich nicht korrekt.

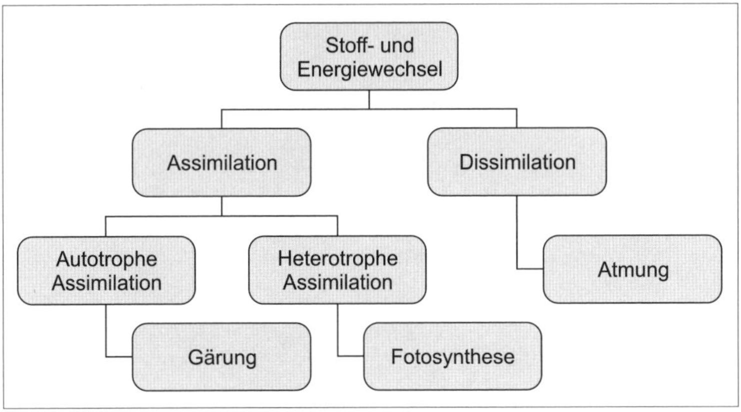

Nennen Sie die Fehler und begründen Sie die richtige Zuordnung. 4

2.2 Nennen Sie die Stoff- und Energiewechselprozesse, auf die sich folgende Erscheinungen zurückführen lassen:

a) Linden geben Sauerstoff ab.
b) Die Milch ist sauer geworden.
c) Aus dem Gärröhrchen am Weinballon entweicht ein Gas.
d) Fische im Aquarium verbrauchen Sauerstoff und geben Kohlenstoffdioxid ab. 2

2.3 Im Londoner Crystal Palace konnte man 1851 eine Glasflasche bewundern, in der sich seit 18 Jahren Farne und Moose ohne die geringste Luft- und Wasserzufuhr entwickelt hatten. Erklären Sie diesen Sachverhalt.

Der Crystal Palace (zerstört 1936)

4

Lösungen

Pflichtaufgabe

Mutationen sind Veränderungen der genetischen Information.

- Sind **Körperzellen** betroffen, kann die genetische Veränderung an die Tochterzellen weitergegeben werden. Das mutierte genetische Material wird (bei sexueller Fortpflanzung) jedoch nicht auf die Nachkommen übertragen.
- Sind **Geschlechtszellen** betroffen, wird bei der Fortpflanzung das mutierte genetische Material auf die Nachkommen übertragen. Während der Entwicklung von der Zygote zum ausgewachsenen Individuum ist das mutierte Material in den Körperzellen aktiv und gelangt bei der Bildung von Keimzellen in die Eizellen oder Spermien. Das mutierte Material wird dadurch auch an die folgende Generation weitergegeben.

Mutationen geschehen zufällig oder werden durch **Mutagene** ausgelöst. Man unterscheidet physikalische und chemische Mutagene. Zu den physikalischen Mutagenen zählen z. B. UV- und Röntgenstrahlen, zu den chemischen Mutagenen z. B. Stoffe, die in einigen Schädlings- und Unkrautbekämpfungsmitteln enthalten sind.

Welche Auswirkungen haben Mutationen auf das Erbmaterial und die Merkmalsausbildung?

Durch Mutationen wird das genetische Material und somit die Erbinformation verändert, z. B.:

a) **Ersetzen einer Base durch eine andere Base:**
Durch Veränderung einer Base kann bei der Translation ein Peptid mit einer veränderten Aminosäuresequenz entstehen. Dadurch wird es unter Umständen seiner Funktion, z. B. als Enzym, nicht mehr gerecht und es kann zu Veränderungen im Stoffwechsel kommen.
Ein solcher Fall ist z. B. im Material 4 dargestellt:
statt „– Pro – **Glu** – Glu –“ wird „– Pro – **Val** – Glu –“ gebildet.

b) **Veränderung der Chromosomenanzahl:**
Das kann einzelne Chromosomen betreffen: Wenn z. B. bei der Zellteilung der Spindelapparat nicht alle Chromosomenpaare oder Chromatiden exakt auseinanderzieht, können Tochterzellen mit überzähligen oder mit weniger Chromosomen entstehen. Dies ist z. B. bei Trisomie 21 der Fall. Bei dieser Krankheit liegt das Chromosom Nr. 21 in dreifacher, statt wie üblich in zweifacher Ausführung vor.
Es kann aber auch der gesamte Chromosomensatz betroffen sein: Wird beispielsweise der Spindelapparat überhaupt nicht ausgebildet, wird keines der

Chromosomenpaare getrennt. In der Folge entstehen Zellen mit verdoppeltem Chromosomensatz (4n). Bei vielen Lebewesen sterben diese ab und entwickeln sich nicht weiter. Zahlreiche Kulturpflanzen hingegen sind so aus Wildformen entstanden. Die erhöhte Anzahl an Chromosomensätzen wirkt sich bei ihnen positiv auf Wachstum und Samenbildung aus.

Welche Folgen haben Mutationen für das betreffende Individuum und seine Nachkommen sowie für den Fortbestand der Art?

Mutationen können sich auf die Proteine und somit auf die Merkmalsausbildung auswirken.

Folgen für Individuen und ihre Nachkommen:

- Nachteilige Auswirkungen für das Individuum und evtl. seine Nachkommen zeigen sich z. B. in Erbkrankheiten und Krebs (z. B. Ausfall eines Enzyms bei PKU, Bildung von Krebszellen in der Haut durch Mutation aufgrund von UV-Bestrahlung beim Sonnenbaden).
- Neutrale Auswirkungen haben auf das Individuum und seine Nachkommen keinen spürbaren Effekt (z. B. von der Norm leicht abweichende Laubblattformen, veränderte Haarfarben bei Menschen).
- Begünstigende Auswirkungen werden z. B. bei der Erbkrankheit Sichelzellenanämie deutlich. Menschen, die das mutierte Gen mischerbig tragen, sind gegen Malaria resistent. Sie haben somit in Gebieten, in denen Malaria häufig auftritt, gesundheitliche Vorteile.

Folgen für den Fortbestand der Art:

Verschiedene Mutationen können Grundlage für das Aussterben, aber auch für Neubildungen von Sorten, Rassen und Arten sein.

- Merkmale, durch die Tiere und Pflanzen schlechter an ihre Umwelt angepasst sind, wirken sich negativ aus. Die betroffenen Individuen werden öfter selektiert (fallen z. B. Fressfeinden zum Opfer). Diejenigen Individuen, die dieses „nachteilige“ Merkmal nicht haben, kommen im Verhältnis häufiger zur Fortpflanzung. Die mutierten Gene werden dadurch nur selten weitervererbt. Die Art bleibt erhalten. Ein Beispiel dafür sind z. B. Albinos.
- Manchmal zeigen sich Mutationen erst dann, wenn die betreffenden Allele homozygot auftreten. Im Bezug auf Albinos (Material 3) gilt, dass homozygote Individuen aufgrund des seltenen Auftretens der Mutation in der Population kaum vorkommen. Die überwiegende Zahl der möglichen Sexualpartner eines Albinos ist im Bezug auf das Albino-Allel normalerweise homozygot „gesund“. Das Merkmal kann jedoch nur dann auftreten, wenn bei beiden Partnern das mutierte Allel mindestens heterozygot vorliegt. In diesem Fall tritt das Merkmal in der F_1-Generation mit einer Wahrscheinlichkeit von 25 % homozygot auf.

In der Natur sind die Albinos schlecht getarnt. Dadurch werden sie von Fressfeinden in der Regel schnell erkannt und selektiert. Für das Einzelindividuum ist dies negativ, für den Fortbestand der Art jedoch positiv, da das Allel, das das in der Umwelt nachteilige Merkmal kodiert, somit nicht weitergegeben werden kann. Verändern sich die Umweltbedingungen z. B. durch eine Eiszeit könnte sich das Albino-Allel als vorteilhaft erweisen, da die homozygoten Träger gut getarnt wären. Folglich könnte die Albino-Allelhäufigkeit in der Population zunehmen.

- Wirkt sich die Mutation auf die Individuen neutral oder vorteilhaft aus, kann sie die Voraussetzung für Variation und Vielfalt innerhalb einer Art sein oder sogar die Basis für die Entstehung neuer Arten bilden.
- Die durch Züchtung entstandenen Tierrassen und Pflanzensorten weisen gegenüber den Wildformen veränderte Merkmale auf. Beim Anbau dieser Pflanzen und bei der Haltung dieser Tiere wird darauf geachtet, dass keine natürliche Selektion stattfindet. So können die Variationen über Generationen erhalten werden (z. B. Haustiere und Kulturpflanzen).
  In der Natur würden derartige Tiere und Pflanzen in der Regel nicht überleben.

Die **Bedeutung** von Mutationen zeigt sich in Folgendem: Sie sind …
- Voraussetzung für die Vielfalt in der Natur,
- Grundlage für die Züchtung von Pflanzen und Tieren (z. B. leistungsfähige Sorten und Rassen) und
- Ursache für genetische Erkrankungen.

Wahlaufgabe A1

1.1 **Interpretation:** Bei den Rüben, die mit Vlies oder mit Folie abgedeckt sind, ist gegenüber den Rüben ohne Abdeckung ein geringerer Masseverlust zu verzeichnen. Bei der Vliesabdeckung ist der Verlust noch einmal deutlich geringer als bei der Abdeckung mit der schwarzen Folie.
Ursache des Masseverlustes ist die Zellatmung. In deren Verlauf wird in den Zellen Glucose zu Kohlenstoffdioxid und Wasser abgebaut.
Durch das Vlies und die Folie wird die Frischluftzufuhr eingeschränkt. Somit reichert sich das bei der Atmung entstehende CO_2 unter den Abdeckungen an, was die Zellatmung hemmt. Da die schwarze Folie sehr viel Licht absorbiert, erhöht sich in der damit abgedeckten Rübenmiete die Temperatur, sodass sich die Atmungsaktivität im Vergleich zu der mit dem hellen Vlies abgedeckten Miete verstärkt. Aus diesem Grund wird unter der Folie mehr Glucose abgebaut.

Begründung: Zwar kommt es unabhängig von der Lagerung zum Masseverlust durch den Abbau von Glucose über die Zellatmung, aber durch eine Lagerung, die die Atmungsaktivität vermindert, wird weniger Zucker abgebaut. Um möglichst hohe Erträge und Gewinne zu erzielen, müssen deshalb richtige Lagerbedingungen eingehalten und die Rüben möglichst zeitnah verarbeitet werden.

1.2 a) **Begründung:** Silos und Folienschläuche sind geeignet, weil sie die für Milchsäurebakterien notwendige sauerstofffreie (anaerobe) Atmosphäre gewährleisten.
Mit der Füllung gelangt eine gewisse Menge Sauerstoff in das Silo bzw. den Folienschlauch. Durch die Aktivität von Fäulnisbakterien und Schimmelpilzen werden unter aeroben Bedingungen Eiweiße abgebaut. Dabei können Toxine entstehen. Nach Verbrauch des Sauerstoffs herrschen anaerobe Bedingungen, die förderlich für die Aktivität der Milchsäurebakterien und Hefen sind. Durch die entstehende Milchsäure sinkt der pH-Wert auf 4,5–4. Dies führt zum Absterben bzw. zur Inaktivität der unerwünschten Bakterien und Pilze (außer Hefen).
Die Bedingungen für die Milchsäuregärung sollten von Anfang an optimal sein (anaerobe Bedingungen), damit möglichst zeitnah Milchsäure produziert wird, die aufgrund ihres pH-Werts die Aktivität störender Mikroorganismen einschränkt.

b) **Begründete Vermutung:** An den Pflanzen befinden sich Sporen von verschiedenen Hefepilzen und Bakterien. In den sauerstofffreien Räumen werden Hefepilze tätig und bilden Alkohol.
Der gebildete Alkohol kann in Zwischenräumen, die Restsauerstoff enthalten, von Essigsäurebakterien in Essig umgewandelt werden.

1.3 **Erläuterung:**

- **Abiotischer Faktor, z. B. Wasser:** Wasser ist ein Ausgangsstoff der Fotosynthese. In den Chloroplasten werden mithilfe von Lichtenergie Wassermoleküle gespalten. Die so bereitgestellte chemische Energie wird benötigt, um Kohlenstoffdioxid schrittweise in Glucose umzuwandeln.
  Wasser ist außerdem wichtig für die Aufrechterhaltung des Zellinnendrucks und zur Gewährleistung der Funktion der Spaltöffnungen. Nur bei entsprechendem Turgor der Zellen wird der Spalt geöffnet und das benötigte Kohlenstoffdioxid kann aufgenommen werden.
  Wasser dient auch als Löse- und Transportmittel für Nährsalze und Glucose. Viele Stoffe werden in gelöster Form aufgenommen und innerhalb der Pflanze transportiert. Das gilt z. B. für Nährsalze, die zum Teil für die Bildung des Chlorophylls erforderlich sind.
- **Biotischer Faktor, z. B. Schädlinge:** Schädliche Insekten fressen oder saugen an den Pflanzenteilen, sodass diese geschädigt werden. Es werden Nährstoffe entzogen und/oder Gewebe wie z. B. Wurzelhaare und Laubblätter zerstört, sodass die Pflanze nicht mehr genügend Wasser aufnehmen kann bzw. in ihrer Fotosyntheseleistung eingeschränkt wird.

1.4 **Erläuterung:**

- **Vorteile von Monokulturen:**
  - Die Pflege (z. B. Düngung) kann sich speziell nach der jeweils angebauten Pflanzenart richten.
  - Pflege und Ernte der angebauten Pflanzen können maschinell erfolgen.
  - Alle Pflanzen können zur gleichen Zeit abgeerntet werden.
- **Nachteile von Monokulturen:**
  - Monokulturen sind in der Regel Systeme, die nicht zur Selbstregulation in der Lage sind, das heißt, sie sind auf Pflege angewiesen. Werden „Unkräuter“ und „Schädlinge“ nicht bekämpft, nehmen sie oft überhand, da sie in der Kultur optimale Bedingungen finden (z. B. spezifisches Nahrungsangebot).
  - Zum Schutz der Nutzpflanzen müssen oft Pestizide eingesetzt werden, die Rückstände in den Pflanzen und im Boden hinterlassen.
  - Nach der Ernte entstehen unbewachsene Bodenflächen, die Regen und Wind ausgesetzt sind.
  - Monokulturen (z. B. reine Fichtenwälder) bieten weitaus weniger Lebensräume für Pflanzen und Tiere als naturnahe Ökosysteme.

2.1 **Ableitung des Erbgangs und Erklärung des Versuchsergebnisses:** Entsprechend dem Spaltungsverhältnis und dem Auftreten von drei Phänotypen muss es sich um einen **intermediären Erbgang** handeln.
Das bedeutet, dass die Allele für das Merkmal Blattfarbe gleichwertig sind. Die Elternpflanzen haben laut Angabe mittelgrüne Blätter und sind daher mischerbig, das heißt, sie weisen den Genotyp hd auf.

	h	d
h	hh	hd
d	hd	dd

Legende: helle Laubblätter: hh
dunkle Laubblätter: dd
mittelgrüne Laubblätter: hd

Theoretisch entsteht demnach ein Verhältnis von:

1	:	2	:	1
hellgrün (hh)	:	mittelgrün (hd)	:	dunkelgrün (dd)

Dieses Verhältnis entspricht näherungsweise dem Versuchsergebnis.

2.2 **2. Mendelsche Regel:** Kreuzt man Individuen der F_1-Generation untereinander, so erhält man in der F_2-Generation eine Aufspaltung der Merkmale in festen Zahlenverhältnissen. Bei einem intermediären Erbgang 1 : 2 : 1.

Wahlaufgabe A2

1 **Beschriftete Skizze eines Chromosoms:**

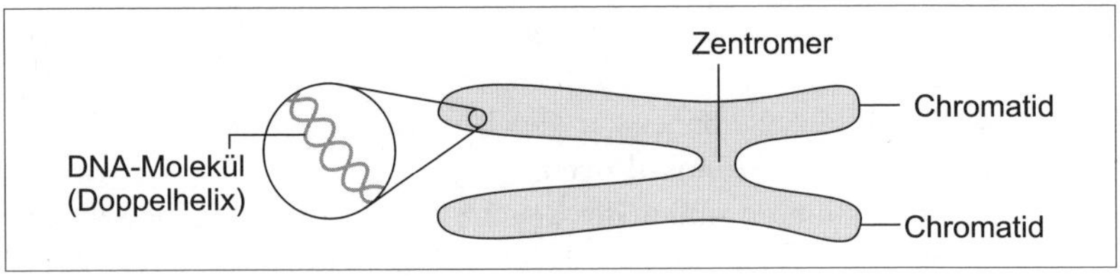

Funktion der Chromosomen:
Chromosomen sind die stofflichen Träger der Erbinformation. Die zusammengehörigen Chromatiden enthalten jeweils identische Gene. Jeweils ein väterliches und ein mütterliches Chromosom bilden ein homologes Chromosomenpaar.
Bei der Zellteilung (Mitose) wird das Erbgut über Einchromatid-Chromosomen – aus denen nach Abschluss der Teilung wieder Zweichromatid-Chromosomen synthetisiert werden – identisch an die beiden Tochterzellen weitergegeben.
Bei der Keimzellenbildung (Meiose) werden mütterliche und väterliche Chromosomen zufällig auf die Keimzellen verteilt.

Definitionen:

- **Phänotyp:** „Erscheinungsbild" eines Lebewesens, das heißt z. B. seine körperlichen Merkmale, aber auch seine Verhaltensmerkmale.
- **Genotyp:** Gesamtheit der in den Genen verschlüsselten Erbinformationen einer Zelle bzw. eines Organismus.
- **Dominant-rezessive Merkmalsausbildung:** Das dominante Allel des für die Ausbildung des Merkmals verantwortlichen Allelpaares bestimmt allein die Ausprägung des Phänotyps.
- **Codominante Merkmalsausbildung:** Beide Allele des für die Ausbildung des Merkmals verantwortlichen Allelpaares sind gleichwertig und bestimmen gleichermaßen die Ausprägung des Phänotyps.

Definitionen und Veranschaulichung:

- **Reinerbig:** Alle für die Ausbildung eines Merkmals verantwortlichen Allele eines Chromosomenpaares sind gleich: z. B. AA, 00, BB.
- **Mischerbig:** Die für die Ausbildung eines Merkmals verantwortlichen Allele eines Chromosomenpaares sind verschieden: z. B. A0, B0, AB.
- **Dominant:** Das dominante Allel ist stärker an der Merkmalsausbildung beteiligt als das nicht dominante, es ist merkmalsbestimmend: z. B. sind A und B dominant über 0.
- **Rezessiv:** Das rezessive Allel ist bei der Merkmalsausbildung dem dominanten Allel „unterlegen": z. B. ist 0 rezessiv gegenüber A und B.

Klärung der Vaterschaft:

0 ist gegenüber A und B rezessiv.
Mutter: B mischerbig, folglich B0
Mann 1: A reinerbig, folglich AA
Mann 2: A mischerbig, folglich A0

Betrachtet man die Voraussetzungen, ist es nur durch die Kombination von B0 mit A0 möglich, dass die Blutgruppe 00 entsteht:

	B	0
A	AB	A0
0	B0	00

Herr Mustermann scheidet als Vater aus.
Herr Schmidt kommt als Vater infrage.

2.1 **Die Darstellung enthält folgende Fehler:**

- Die Gärung ist keine Form der autotrophen Assimilation.
- Die Fotosynthese gehört nicht zur heterotrophen Assimilation.

Begründung:

- Bei der **Gärung** werden körpereigene organische Stoffe unter Energiefreisetzung abgebaut. Demzufolge ist die Gärung eine Form der **Dissimilation**.
- Bei der **Fotosynthese** werden aus körperfremden anorganischen, energiearmen Stoffen unter Nutzung von Lichtenergie körpereigene organische, energiereiche Stoffe aufgebaut. Demzufolge ist die Fotosynthese eine Form der autotrophen **Assimilation**.

2.2 Die vorgegebenen Erscheinungen lassen sich auf folgende Stoffwechselvorgänge zurückführen:

a) Fotosynthese
b) Milchsäuregärung
c) alkoholische Gärung
d) Zellatmung

2.3 **Erklärung:** In der Glasflasche muss sich ein einfacher Stoffkreislauf entwickelt haben.

Die Moose und Farne sind **fotosynthetisch aktiv**. Dabei verbrauchen sie Kohlenstoffdioxid und Wasser und produzieren Assimilate und Sauerstoff.

Bei der **Atmung** der Pflanzen werden Assimilate unter Verwendung von Sauerstoff zu Kohlenstoffdioxid und Wasser abgebaut.

Im beschriebenen abgeschlossenen System halten sich Fotosynthese und Zellatmung offensichtlich die Waage.

Damit der Stoffkreislauf funktioniert, müssen auch Destruenten vorhanden sein, die organische Reste verwerten und zu Mineralien abbauen, die die Pflanzen für ihr Wachstum und ihren Stoffwechsel benötigen.

Besondere Leistungsfeststellung Thüringen 10. Klasse Biologie
Beispielaufgabe 2

BE

Pflichtaufgabe: Mukoviszidose

Bei dem neugeborenen Kind eines phänotypisch gesunden Elternpaares wird Mukoviszidose diagnostiziert. Da weiterer Kinderwunsch besteht, suchen die Eltern einen Humangenetiker auf, um sich über das Krankheitsbild der Mukoviszidose, deren Ursachen, den der Krankheit zugrunde liegenden Erbgang und das Erkrankungsrisiko weiterer Nachkommen genau zu informieren.
Erstellen Sie eine Informationsschrift für die Eltern. Zeigen Sie auch eine Möglichkeit für zukünftige Therapien auf und bewerten Sie diese. Beziehen Sie in Ihre Darstellung geeignete Sachverhalte aus den nachfolgenden Materialien ein. 20

Material 1

Mukoviszidose, auch zystische Fibrose genannt, ist eine bisher unheilbare Stoffwechselkrankheit. Dabei handelt es sich um eine der häufigsten erblich bedingten Stoffwechselerkrankungen. Statistisch gesehen, trägt etwa jeder 25. Bundesbürger das Gen in sich, das die Krankheit verursacht. In der Bundesrepublik leiden etwa 8 000 bis 10 000 Kinder und junge Erwachsene an Mukoviszidose.

Material 2

Genabschnitt des codogenen Strangs der DNA …

- bei einem gesunden Menschen: … TAGTAGAAACCACAA …
- bei einem an Mukoviszidose erkrankten Menschen: … TAGTAACCACAA …

Mukoviszidose kann nur dann auftreten, wenn beide Eltern Erbträger sind. Durch den Gendefekt am Chromosom 7 werden spezielle Proteine verändert, sodass die Kanäle in den Zellmembranen, durch die Chlorid-Ionen transportiert werden, nicht funktionieren. Die Abgabe dieser Ionen aus den Drüsenzellen ist daher stark eingeschränkt. Die erhöhte Konzentration an Chlorid-Ionen in der Zelle führt zur Aufnahme von Natrium-Ionen, sodass es zur Anreicherung von Natriumchlorid in den Zellen kommt.
Die Erkrankung zeigt sich darin, dass körpereigene Sekrete eingedickt produziert werden. Ein zäher Schleim verklebt so vor allem Lunge, Darm und Bauchspeicheldrüse. Schrittweise verlieren die Organe ihre Funktionstüchtigkeit.

Material 3

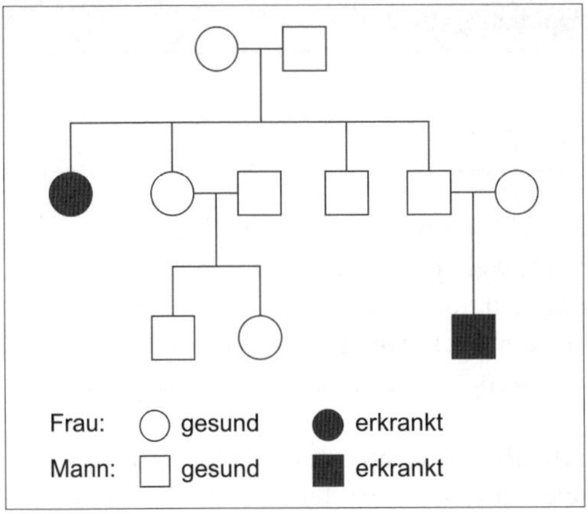

Stammbaum zur Mukoviszidose

Material 4

Sekrete der Bronchien sind Nährboden für zahlreiche Bakterien wie *Pseudomonas aeruginosa* sowie Hefen wie *Aspergillus fumigatus*.

Material 5

Mukoviszidose lässt sich relativ einfach diagnostizieren: In einem Schweißtest wird der erhöhte Chlorid-Ionen-Anteil nachgewiesen.
Zum Therapieprogramm eines Mukoviszidose-Patienten gehören neben der Einnahme von vielen Medikamenten wie z. B. Verdauungsenzymen eine energiereiche Ernährung, Sport und vor allem eine spezielle Krankengymnastik. Dazu zählen vor allem in Belgien ursprünglich für Asthmatiker entwickelte Atemwegstherapien und dem Yoga entlehnte Dehnübungen. Die meisten Betroffenen müssen regelmäßig Antibiotika einnehmen.

Material 6

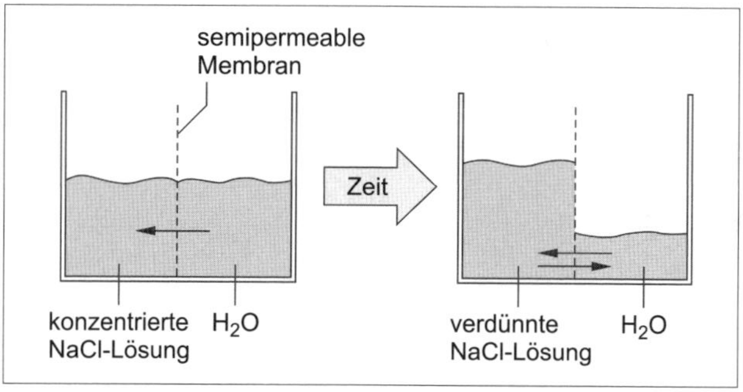

Modellversuch zur Osmose

Material 7

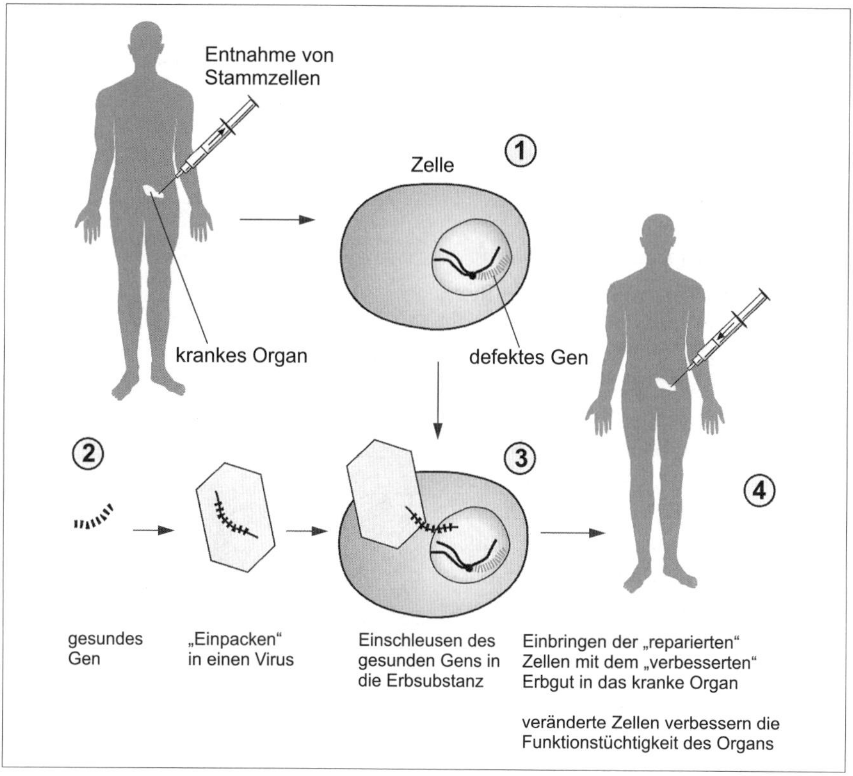

Das Prinzip der Gentherapie
Quelle: Unter die Lupe genommen – Biomedizin-Gentechnik-Ethik; Diakonie Sachsen, Radebeul, DiakoniePublik 3/2001; www.krause-schoenberg.de

Material 8

Code-Sonne (die Codons sind von innen nach außen zu lesen)

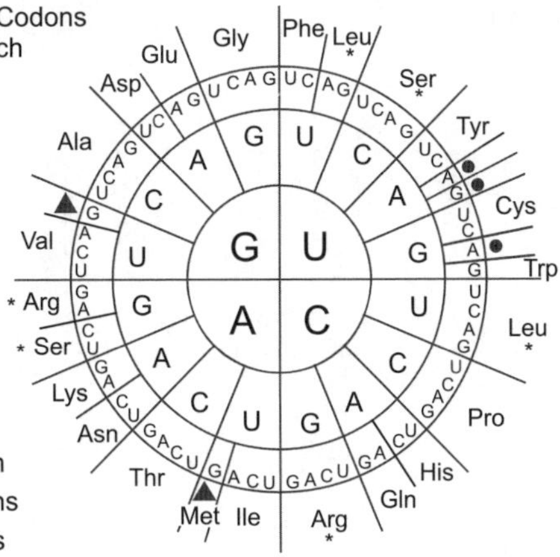

* zweimal auftretende Aminosäuren
● Stopp-Codons
▲ Start-Codons

Code-Sonne (die Codons sind von innen nach außen zu lesen)

Wahlaufgabe A1: Naturnahes Ökosystem – Monokultur, Stoffwechsel pflanzlicher Zellen

1 Der Grünspecht ist leicht an seinem olivgrünen Gefieder und seiner auffälligen roten Kopfzeichnung zu erkennen. Der in Deutschland relativ häufig vorkommende Vogel bevorzugt halboffene Landschaften mit ausgedehnten Althölzern, vor allem Waldränder, Feldgehölze, auch Streuobstwiesen und Parkanlagen mit Baumbestand. Innerhalb von Waldgebieten kommt er nur in stark aufgelichteten Bereichen, an Waldwiesen und größeren Lichtungen vor. In ausgedehnten Nadelholzforsten ist er kaum anzutreffen.

Der Grünspecht
Foto: © Can Stock Photo Inc./mikelane45

1.1 Vergleichen Sie die Struktur eines naturnahen Mischwalds mit der einer Fichten-Monokultur. 3

1.2 Seit Anfang der 90er-Jahre hat sich die Grünspechtpopulation in Deutschland schrittweise um etwa zwölf Prozent vergrößert. Diese Entwicklung ist vermutlich auf eine zunehmend naturnahe Bewirtschaftung von Laub- und Mischwäldern zurückzuführen.
Erläutern Sie an diesem Beispiel den Einfluss von Umweltfaktoren auf die Populationsentwicklung des Grünspechts. 3

1.3 Grünspechte hinterlassen in ihren Revieren zahlreiche Spechthöhlen. Beim Grünspecht besonders beliebt sind Weiden, Pappeln und Obstbäume. Diese Baumarten werden heute in öffentlichen Grünanlagen und an Straßen aus Gründen der Verkehrssicherheit oft unnötig gefällt.
Bewerten Sie diese Maßnahme aus ökologischer Sicht. 3

2 Assimilations- und Dissimilationsprozesse sind Merkmale aller lebenden Zellen.

2.1 Fertigen Sie eine beschriftete Skizze vom Laubblattquerschnitt einer Samenpflanze an.
Erläutern Sie am Beispiel eines Gewebes den Zusammenhang von Struktur und Funktion. 5

2.2 Die Kenntnis der biochemischen Vorgänge macht es möglich, die Menge des bei der Fotosynthese gebildeten Sauerstoffs bei festgelegten Bedingungen zu berechnen.
In einem Experiment werden Pflanzen unter entsprechenden Bedingungen über 48 Stunden in Glasflaschen aufbewahrt. Über eine Schlauch-Ableitung wird die in der Glasflasche gebildete Sauerstoffmenge gemessen.
a) Formulieren Sie die Summengleichung für die Fotosynthese.
b) Stimmen die berechnete und die gemessene Sauerstoffmenge überein? Geben Sie eine begründete Vermutung für das Ergebnis ab.
c) Erläutern Sie an einem Beispiel, dass der Prozess der Fotosynthese beeinflussbar ist. 6

Wahlaufgabe A2: Beeinflussung von Atmung und Fotosynthese, Zellteilung, Modifikation

1 Früchte sind eine notwendige Bereicherung des menschlichen Speiseplans. Ihre ernährungsbiologischen Werte sind bekannt.
Birnen zählen dabei zu den oft verkannten Delikatessen. Die geschmackliche Vielfalt der vielen Birnensorten wird von kaum einer anderen Frucht übertroffen.

Sorte	Einlagerungsmasse	Masse nach 7 Monaten Lagerzeit
Gute Luise	125 kg	107 kg
Williams Birne	270 kg	226 kg
Konferenzbirne	80 kg	68 kg
Packhams Triumph	100 kg	87 kg
A. Lucas	75 kg	63 kg

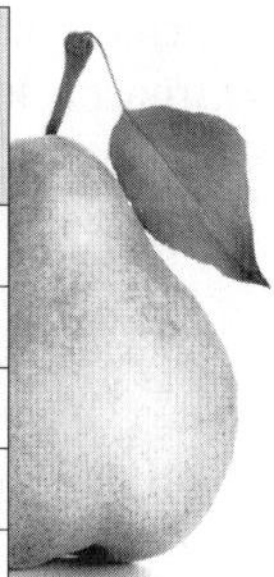

Foto: © Can Stock Photo Inc./Subbotina

1.1 Erklären Sie den Masseverlust bei der Lagerung der Birnen und geben Sie die Summengleichung für den hier zugrunde liegenden Stoffwechselprozess an. 3

1.2 Begründen Sie zwei Maßnahmen zur verlustarmen Lagerung von Obst. 2

1.3 Viele ertragreiche Birnensorten sind tetraploid, d. h., sie haben einen vervielfachten Chromosomensatz (4n). Sie können unter natürlichen Bedingungen entstehen, können aber auch durch den Einsatz eines Spindelgifts erzeugt werden.
Veranschaulichen Sie die Entstehung tetraploider Pflanzenzellen (4n) in einer beschrifteten Skizze. 2

2 Bestimmte Baumerkmale der Laubblätter von Samenpflanzen sind die Grundlage für den Ablauf der Fotosynthese. Bei den Laubblättern einer Pflanze treten auch Modifikationen auf.

2.1 Weisen Sie nach, dass der Bau der Laubblätter einen effektiven Ablauf der Fotosynthese ermöglicht. 4

2.2 Eine Rotbuche hat im Kroneninnenraum in der Regel deutlich größere Blätter als im Außenbereich der Baumkrone. Wie die folgende Abbildung zeigt, sind die weiter innen wachsenden Blätter dünn, während die kleineren äußeren Blätter mehrschichtige Gewebe aufweisen.

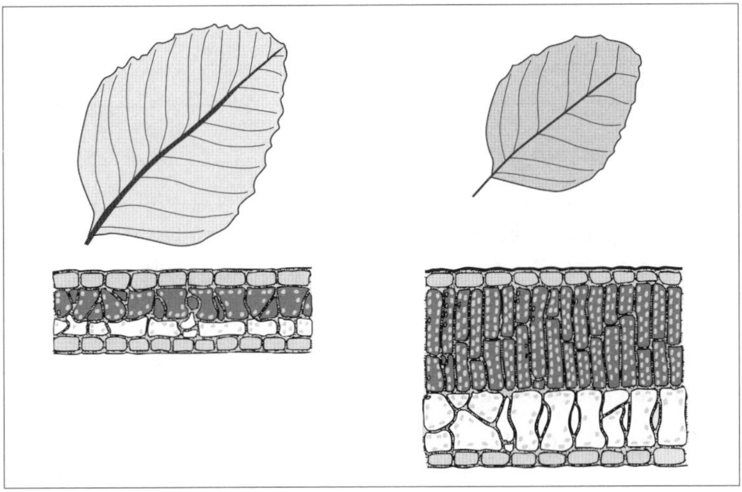

Schattenblatt (links) und Lichtblatt (rechts)

Erläutern Sie anhand dieses Beispiels den Zusammenhang von Struktur und Leistungsfähigkeit.
Begründen Sie, dass es sich um eine Modifikation handelt. 4

2.3 In einem Experiment werden gleich große Pflanzen der gleichen Art den folgenden Bedingungen ausgesetzt.

Versuch	**1**	**2**	**3**	**4**	**5**
Luft	normal	mit CO_2 angereichert	mit CO_2 angereichert	CO_2-arme Luft, mit O_2 angereichert	mit CO_2 angereichert
Licht	normale Lichtstärke	Starklicht	Starklicht	Starklicht	abgedunkelt
Temperatur	20 °C	30 °C	10 °C	30 °C	30 °C

Die weiteren Bedingungen sind konstant. Nach einer bestimmten Zeit wird bei den Versuchen die Menge des produzierten Sauerstoffs gemessen.
Ordnen Sie die folgenden Ergebnisse den Versuchen zu:
a) 5 mL b) 0 mL c) 20 mL d) 10 mL e) 40 mL
Begründen Sie Ihre Zuordnung. 5

Lösungen

Pflichtaufgabe

Informationsschrift zur Mukoviszidose

Ursache der Erkrankung:
Mukoviszidose ist eine erblich bedingte Krankheit, deren Ursache ein Gendefekt am Chromosom 7 ist. Bei den Betroffenen wird wegen einer Veränderung der DNA-Basensequenz ein nicht funktionsfähiges Protein synthetisiert. Im betreffenden Bereich der Aminosäurekette wird anstatt der normalen Sequenz – Ile – Ile – Phe – Gly – Val – die fehlerhafte Sequenz – Ile – Ile – Gly – Val – gebildet. Die Aminosäure Phe (Phenylalanin) fehlt.

Auswirkung des Gendefekts:
Die Auswirkung dieses Gendefekts zeigt sich an der Funktion von Transportkanälen in den Zellmembranen. Die Kanäle sind verändert, wodurch der Transport von Chlorid-Ionen gehemmt wird. Chlorid-Ionen wirken osmotisch. Den betreffenden Sekreten wird somit Wasser entzogen und sie sind zähflüssig. In Organen wie Lunge, Bauchspeicheldrüse und Dünndarm wird daher zähflüssiger Schleim gebildet.
Zähflüssiger Schleim in den Bronchien führt zu ständigem Husten und zu Lungenentzündungen. Durch die Verschleimung von Drüsen und Organen können diese ihrer normalen Funktion nicht mehr nachkommen. Die Folge sind z. B. Stoffwechselstörungen, Mangelernährung und eine damit verbundene Einschränkung der Lebensqualität.

Erbgang der Mukoviszidose und Erkrankungswahrscheinlichkeit:
Mukoviszidose wird **autosomal rezessiv** vererbt (ableitbar aus Material 3): Die Rezessivität zeigt sich darin, dass die Betroffenen phänotypisch gesunde Eltern haben können. Dass es sich um einen autosomalen Erbgang handelt, kann daraus abgeleitet werden, dass eine kranke Tochter einen phänotypisch gesunden Vater haben kann.
Bei erneutem Kinderwunsch des Paares ist eine **25 %ige Wahrscheinlichkeit** gegeben, dass ein Kind mit Mukoviszidose geboren wird, da beide Eltern heterozygote Träger des rezessiven mutierten Gens sind:

	A	a
A	AA	Aa
a	Aa	aa

Therapiemöglichkeiten:

Es gibt verschiedene Therapiemöglichkeiten, die die Symptome der Erkrankung aber lediglich lindern:

- Der Einsatz von Antibiotika ist erforderlich, weil die verschleimten Organe einen Nährboden für verschiedene Bakterien bieten, die chronische Entzündungen hervorrufen können.
  Der Antibiotikaeinsatz ist jedoch problematisch: Bakterien können eine Resistenz gegen bestimmte Antibiotika entwickeln und werden somit durch diese nicht mehr vernichtet. Sie können sich im Organismus weiter vermehren und ausbreiten. Die Entzündung kann mit den ursprünglich eingesetzten Wirkstoffen nicht vollständig ausheilen. Daher ist ein Einsatz ständig wechselnder Antibiotika notwendig. Die resistenten Bakterien können auch auf andere Personen übertragen werden und sich in der Bevölkerung ausbreiten.
- Durch gezielte Krankengymnastik und durch Sport können die Atemwege gedehnt, der Schleim gelöst und die betreffenden Muskeln des Brustkorbs gestärkt werden.
- Die Erkrankten benötigen eine hochkalorische Kost, weil aufgrund der Verschleimung des Dünndarms nur ein geringer Teil der aufgenommenen Nährstoffe über die Darmzotten resorbiert werden kann.
- Durch die Gabe von Verdauungsenzymen wird die gestörte Funktion der Verdauungsdrüsen ausgeglichen. Nur bei Vorhandensein der betreffenden Enzyme kann die Verdauung der aufgenommenen Nahrung erfolgen und können die niedermolekularen Nährstoffe bereitgestellt werden.
- Durch Inhalation wird der Schleim der Bronchien gelöst und kann so besser abgehustet werden.

Möglichkeit für zukünftige Therapien:

Als eine Möglichkeit zur Heilung der Krankheit wird heute die Gentherapie angesehen. Dabei sollen dem entsprechenden Organ Zellen entnommen werden. In diesen Zellen würde ein Gentransfer vorgenommen, d. h., die fehlerhafte Basensequenz würde ausgetauscht und die DNA somit repariert werden. Die intakten Zellen könnten kultiviert und wieder in das betreffende Organ eingespritzt werden. Hier sollten sich die reparierten Zellen vermehren und die Funktion des Organs gewährleisten.

Die Methode ist jedoch noch nicht ausgereift. Der Austausch von Genen, aber auch das „Annehmen“ der veränderten Zellen durch den Körper sind Forschungsschwerpunkte. Derzeit können nur die Symptome der Krankheit gelindert werden. Durch den Einsatz der Gentherapie könnten betroffene Personen in Zukunft aber eine höhere Lebensqualität erreichen. Der Eingriff in das genetische Material würde hier ausschließlich an Körperzellen erfolgen. Ethische Fragen und Risiken, die in Deutschland zum Verbot der Keimbahntherapie geführt haben, sind bei der Therapie von Körperzellen nicht in dem Maße relevant. Die Veränderung in Körperzellen (z. B. der Lunge) bedeutet in der Regel kein Risiko für die Nachkommen.

Wahlaufgabe A1

1.1 **Vergleich:**

- **Gemeinsamkeiten, z. B.:**
  Naturnahe Mischwälder und Fichten-Monokulturen …
  - weisen Strukturierungen auf,
  - sind Lebensräume und
  - bilden ein Bestandsklima (Mikroklima) aus.
- **Unterschiede, z. B.:**
  - Ein naturnaher Mischwald zeichnet sich durch eine deutliche Gliederung in verschiedene Stockwerke aus. Grundlage dafür ist das Vorhandensein verschiedenster Bäume, Sträucher und Kräuter unterschiedlichen Alters. Je stärker der Wald strukturiert ist, desto größer ist das Angebot an unterschiedlichen Lebensräumen für zahlreiche Pflanzen- und Tierarten. Im Mischwald stellt sich ein relativ ausgeglichenes Mikroklima ein. Abgestorbene Pflanzen und Totholz verbleiben im Wald. Sie werden v. a. von Pilzen, Bakterien, aber auch von Insekten, Würmern, Spinnen und vielen weiteren Kleintieren als Nahrung bzw. als Lebensraum genutzt. Laufend wird ein Teil der Bodenstreu mineralisiert, sodass für die Produzenten ein Nachschub an Nährsalzen zur Verfügung steht. In einem naturnahen Mischwald bildet sich somit ein stabiles Nahrungsnetz aus. Der Stoffkreislauf zwischen Produzenten, Konsumenten und Destruenten ist geschlossen.
  - Fichten-Monokulturen sind dagegen in der Regel nur schwach strukturiert. Durch die enge Aufforstung gelangt meist nur wenig Licht bis zur Bodenschicht. Durch den spärlichen Bewuchs in den unteren Schichten bildet sich kein ausgewogenes Mikroklima aus. Viele Tiere finden hier zwar Nahrung, aber ansonsten schlechte Lebensbedingungen vor. Die Fichten-Monokultur bietet folglich nur wenigen Arten passende Lebensräume. Diese Waldform ist demnach durch Artenarmut gekennzeichnet. Somit kann kein stabiles Nahrungsnetz entstehen, was zur Folge hat, dass sich hier Baumschädlinge sehr leicht massenhaft vermehren können.

1.2 **Erläuterung:** Die Populationsgröße wird von verschiedenen Faktoren beeinflusst, z. B.:

- Grünspechte beanspruchen ein bestimmtes Territorium. Der Grünspecht bevorzugt beispielsweise halboffene Landschaften mit ausgedehnten Althölzern, vor allem Waldränder, Feldgehölze, auch Streuobstwiesen und Parkanlagen mit Baumbestand. Dieses Territorium verteidigen sie gegenüber Artgenossen. Eine Verkleinerung ihrer Territorien kann sich negativ, eine Vergrößerung positiv auf das Brutverhalten auswirken.
- Die zur Verfügung stehende Menge und Qualität der Nahrung wirken sich auf die Ernährung der Elternvögel, aber auch auf die Fütterung der Nachkommen direkt aus.
- Fressfeinde können die Populationsgröße reduzieren.
- Auch abiotische Faktoren wie Temperatur und Licht beeinflussen die Tiere direkt (z. B. das Balzverhalten und den Energiebedarf), aber auch indirekt (z. B. über Nahrungspflanzen und -tiere).

1.3 **Bewertung:** Durch die Abholzung der Bäume werden natürliche Lebensräume zerstört. Damit wird die Populationsentwicklung der Grünspechte negativ beeinflusst. Zusätzlich wirken sich solche Eingriffe auch negativ auf die Populationen anderer Arten aus, die die Spechthöhlen als Lebensräume nutzen.
Deshalb ist diese Maßnahme aus ökologischer Sicht problematisch.

2.1 **Skizze:**

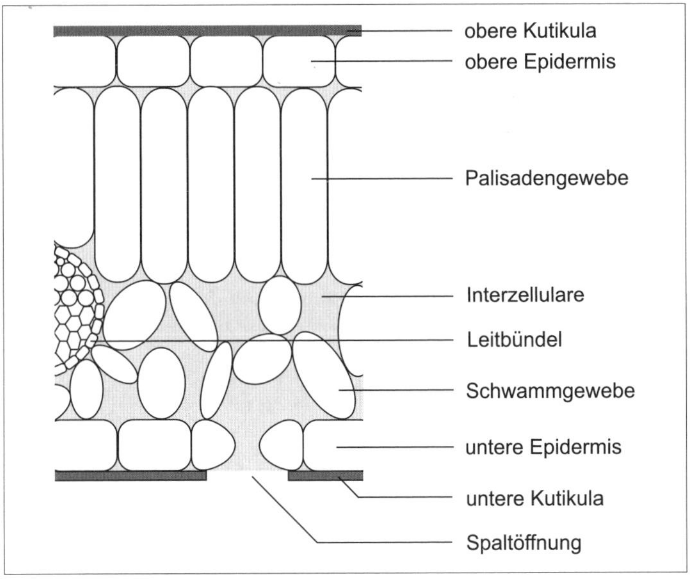

Erläuterung: Der Zusammenhang zwischen Struktur und Funktion lässt sich am Beispiel des Palisadengewebes erläutern: Es besitzt in seinen eng aneinanderliegenden palisadenförmigen Zellen zahlreiche Chloroplasten. Chloroplasten sind die Zellorganellen, die den Ablauf der Fotosynthese ermöglichen. Das Gewebe wird durch seine Lage über die chlorophyllfreie obere Epidermis sehr gut belichtet. Die Versorgung mit Wasser und Kohlenstoffdioxid ist ebenfalls möglich. So kann die Fotosynthese mithilfe dieses Gewebes optimal ablaufen.

2.2 a) **Summengleichung der Fotosynthese:**

$$6\,CO_2 + 12\,H_2O \longrightarrow C_6H_{12}O_6 + 6\,O_2 + 6\,H_2O$$ *oder*

$$6\,CO_2 + 6\,H_2O \longrightarrow C_6H_{12}O_6 + 6\,O_2$$

b) **Begründete Vermutung:** Die beiden Ergebnisse unterscheiden sich, da bei der Berechnung nur die **Bildung** von Sauerstoff berücksichtigt wird. In Pflanzenzellen läuft aber neben der Fotosynthese auch die Zellatmung ab, für die Sauerstoff benötigt wird. In der Summe wird folglich experimentell weniger Sauerstoff gemessen, da ein Teil des gebildeten Gases für die Zellatmung benötigt wird.

c) **Erläuterung:** Die Fotosynthese wird, wie jeder biochemische Prozess, enzymatisch gesteuert. Die Enzymaktivität ist temperaturabhängig. Sie steigt mit der Temperatur, bis durch zu hohe Werte (ca. 40–50 °C) die Eiweißkomponenten der Enzyme denaturiert und sie unwirksam werden. Die Fotosynthese kann also durch Temperaturerhöhung bis zu einem bestimmten Grad gesteigert werden.

Wahlaufgabe A2

1.1 **Erklärung:** Auch nach der Ernte findet in den Früchten Zellatmung statt. Bei der Zellatmung wird die über die Fotosynthese gebildete Glucose, die in Früchten hauptsächlich in Fruktose umgewandelt vorliegt, schrittweise mithilfe von Sauerstoff veratmet. Der Masseverlust ist auf den Verbrauch des Zuckers in den Zellen der Birnen zurückzuführen.

Summengleichung der Zellatmung:

$$C_6H_{12}O_6 + 6\,O_2 \longrightarrow 6\,CO_2 + 6\,H_2O$$

1.2 **Begründung** zweier Maßnahmen: Bei **niedrigen Temperaturen** verlaufen die biochemischen Reaktionen, die durch Enzyme katalysiert werden, langsamer ab als bei höheren Temperaturen. Bei kühler Lagerung wird die Zellatmung demnach verlangsamt und so der Masseverlust verringert.

Kohlenstoffdioxid ist ein Produkt der Zellatmung. Eine **erhöhte Konzentration** des Reaktionsproduktes hemmt die Oxidation von Glucose. Durch Erhöhung der Kohlenstoffdioxid-Konzentration wird die Zellatmung eingeschränkt und so der Masseverlust verringert.

Oder: Verringerter Sauerstoffgehalt

1.3 **Skizze:**

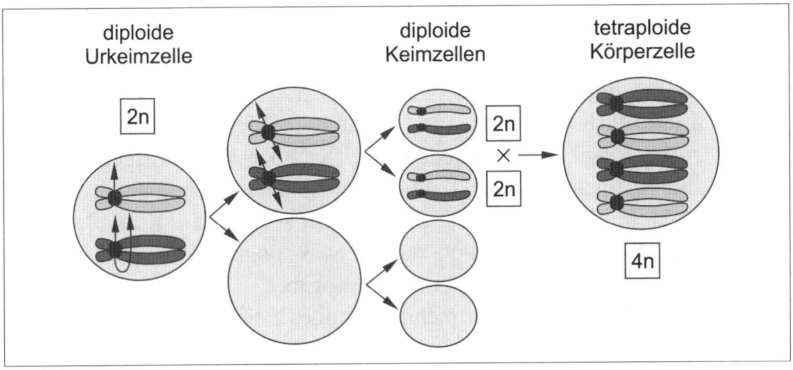

2.1 **Nachweis:** Laubblätter sind durch spezifische Baumerkmale in der Lage, den effektiven Ablauf der Fotosynthese zu ermöglichen.

- Durch die flächige Ausbreitung der Laubblätter ist eine optimale Lichtaufnahme möglich.
- Die Anordnung der Blattgewebe garantiert den Ablauf dieses Prozesses:
  - Die **obere Epidermis**, eine chloroplastenfreie Schicht, lässt das Licht passieren, sodass es das fotosynthetisch aktive Palisadengewebe erreichen kann.
  - Das chloroplastenreiche **Palisadengewebe** ist der Hauptort der Fotosynthese.
  - Über das **Leitgewebe** der Laubblätter ist die Versorgung mit Wasser und Mineralien gesichert.
  - Über die **untere Epidermis** kann Kohlenstoffdioxid durch die **Spaltöffnungen** und durch die Interzellularen des **Schwammgewebes** zu den fotosynthetisch aktiven Zellen gelangen.
    Das Schwammgewebe ist durch seine Chloroplasten auch fotosynthetisch aktiv.
  - Die meisten Laubblätter sind von einer **Kutikula** überzogen, die eine unkontrollierte Transpiration verhindert.

2.2 **Erläuterung:**

- **Schattenblätter:** In Anpassung an die geringe Lichtintensität und die höhere Luftfeuchtigkeit im Inneren der Baumkrone bilden sich bei der Rotbuche größere, dünnere Laubblätter aus, sogenannte Schattenblätter. Bei ihnen kann das Licht leicht in das einschichtige Palisadengewebe und das Schwammgewebe zu den Chloroplasten dringen. Somit wird die vorhandene Lichtenergie optimal ausgenutzt. Die notwendige Fotosyntheserate wird durch diese Strukturmerkmale gewährleistet.
  Die Spaltöffnungen der Schattenblätter sind nicht eingesenkt, da im Kroneninneren relativ feuchte Bedingungen herrschen und der Verdunstungsschutz daher nicht so effektiv sein muss.
- **Lichtblätter:** In Anpassung an die hohe Lichtintensität und die geringere Luftfeuchtigkeit im äußeren Kronenbereich des Baumes bilden sich hier kleinere, dickere Laubblätter, sogenannte Lichtblätter. Ihre obere Epidermis weist verstärkte Zellwände auf und die Kutikula ist verdickt. Die Spaltöffnungen sind meist etwas eingesenkt. Diese Einrichtungen schützen vor übermäßiger Wasserabgabe.
  Lichtblätter haben ein mehrschichtiges Palisadengewebe, durch das die hohe Lichtintensität optimal genutzt werden kann, und ein ausgeprägtes Schwammgewebe, in dem Wasser gespeichert wird, das für die Fotosynthese benötigt wird.

Licht- und Schattenblätter sind Laubblätter **einer** Pflanze. Beide Blatttypen verfügen somit über identische Erbanlagen. Ihre Ausprägung ist abhängig von den Umweltbedingungen, unter denen sie sich entwickeln. Es handelt sich hierbei folglich um **Modifikationen**.

2.3 **Zuordnung:**

Versuch 1: 10 mL   Versuch 2: 40 mL
Versuch 3: 20 mL   Versuch 4: 5 mL
Versuch 5: 0 mL

Begründung:

Versuch 1: Die Fotosynthese läuft unter den Standardbedingungen „normal“ ab.

Versuch 2: Die Erhöhung der Temperatur auf 30 °C bewirkt, dass sich die Geschwindigkeit chemischer Reaktionen erhöht. Da alle weiteren Faktoren wie CO_2 und Licht im Optimum vorliegen, steigt die Fotosyntheserate und es wird deutlich mehr Sauerstoff produziert.

Versuch 3: Die niedrige Temperatur bewirkt, dass sich die Reaktionsgeschwindigkeit chemischer Prozesse verringert. Folglich sinkt die Fotosyntheserate und weniger Sauerstoff als bei Versuch 2 wird produziert.

Versuch 4: Kohlenstoffdioxid wirkt als begrenzender Faktor. Er ist Ausgangsstoff für die Bildung von Glucose. Die Fotosynthese läuft nur so lange ab, wie der Ausgangsstoff Kohlenstoffdioxid vorhanden ist. Folglich wird nur anfangs Sauerstoff produziert. Die am Ende des Versuchs vorliegende Menge ist gering.

Versuch 5: Licht wirkt als begrenzender Faktor. Der Lichtmangel bewirkt, dass in den Chloroplasten keine Fotosynthese ablaufen kann. Es wird daher kein Sauerstoff produziert.

BE

Pflichtaufgabe: Ökosystem Kalkmagerrasen

Die Rhön – ein Biosphärenreservat

Das Mittelgebirge Rhön wird auch „das Land der offenen Fernen“ genannt. Den Beinamen erhielt die Rhön aufgrund ihrer meist unbewaldeten Hügel und Kuppen, von denen aus ein weiter Blick möglich ist. Die ursprünglich dort vorherrschenden Buchenwälder wurden zum großen Teil durch Schafbeweidung stark zurückgedrängt mit dem Ergebnis, dass charakteristische Kalkmagerrasen mit einzeln stehenden Wacholdern entstanden. Diese Kulturlandschaften sind auf Pflege angewiesen.

Oben: von Schafen beweideter Kalkmagerrasen in der Rhön
Foto: Landschaftspflegeverband „BR Thüringische Rhön“ e.V.
Unten: Rhönschafe
Foto: Timo1974; http://commons.wikimedia.org/wiki/File:Rhoenschaf.jpg; cc-by-sa 3.0 unported

Erläutern Sie die ökologische Bedeutung derartiger Kulturlandschaften.
Begründen Sie die Bedeutung der Wanderschafhaltung für den Erhalt der Kalkmagerrasen.
Beziehen Sie in Ihre Darstellung geeignete Sachverhalte aus den nachfolgenden Materialien ein. 20

Material 1

Die Kalkmagerrasen befinden sich vor allem an sonnigen Hängen. Der Boden ist nährstoffarm (mager). Niederschläge versickern schnell bzw. verdunsten. Nur wenige Wacholderbüsche spenden Schatten. Viele Arten, die auf den Kalkmagerrasen der Rhön zu finden sind, sind geschützt.

Material 2

Die Kalkmagerrasen der Rhön weisen eine große Vielfalt an Pflanzenarten auf. Einige Pflanzen sind stark spezialisiert. Dazu gehören seltene Orchideen, die in den wenigen schattigen Bereichen des Kalkmagerrasens vorkommen.

Viele der auf den mageren Flächen vorkommenden Gewächse könnten theoretisch auch in anderen Ökosystemen gedeihen. Dort unterliegen sie aber starker Konkurrenz durch andere Arten. Stickstoffliebende Arten beispielsweise wachsen auf stickstoffreichen Böden schnell und behindern dadurch langsamer wachsende Arten durch Beschattung in ihrem Wachstum. Dieser benachteiligende Effekt ist stärker als die Auswirkung, die sich durch die Konkurrenz um die Nährstoffe ergibt.

Auf Kalkmagerrasen der Rhön häufig vorkommende Pflanzen:

<table>
<tr><th>Pflanzen</th><th colspan="3">Merkmale</th></tr>
<tr><td>verschiedene Gräser</td><td>
Pflanze treibt am Wachstumspunkt aus, der sehr bodennah liegt;
z. B. Acker-Trespe</td><td>
Jungpflanzen treiben geschützt zwischen abgestorbenen Gräsern, die filzige Horste bilden, aus; z. B. Borstgras</td><td>
Pflanze stirbt im Winter ab, Samen überdauern im Boden und keimen im nächsten Jahr aus;
z. B. Einjähriges Rispengras</td></tr>
<tr><td>Silberdistel</td><td>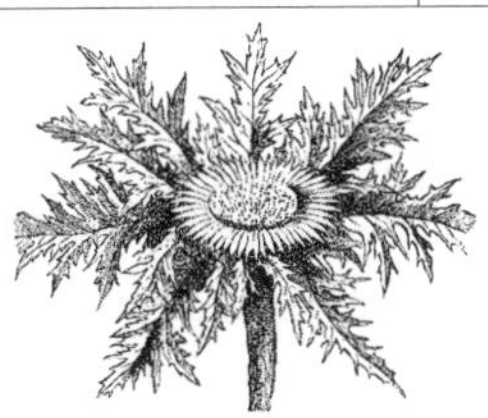</td><td colspan="2">– bilden Laubblätter mit dornigen Spitzen
– bilden Blattrosetten, die eng an den Boden angeschmiegt sind
– haben bis zu 1 m lange Pfahlwurzeln</td></tr>
<tr><td>Enziane</td><td colspan="3">haben einen bitteren, scharfen Geschmack</td></tr>
<tr><td>Wacholder</td><td colspan="3">– buschig, manchmal auch mehrstämmig
– erreichen Wuchshöhen von bis zu 8 m
– bereits Jungtriebe mit stechend spitzen Laubblättern</td></tr>
</table>

Schlehen	– breiten sich durch Wurzelschösslinge aus – entwickeln eine dichte Wuchsform mit Dornen – Jungpflanzen, die zwischen Wacholder stehen, bleiben oft vom Verbiss durch Tiere verschont.
Küchenschelle	– Pfahlwurzeln von über 1 m

Material 3

Auf Kalkmagerrasen der Rhön vorkommende Schmetterlinge:

Berghexe
Foto: Zeynel Cebeci; http://commons.wikimedia.org/wiki/File:Chazara_briseis_(1).jpg?uselang=de; cc-by-sa 3.0 unported

Kreuzenzian-Ameisenbläuling
Foto: OhWeh; http://commons.wikimedia.org/wiki/File:Kreuzenzian-Ameisen-Bl%C3%A4uling_Maculinea_rebelli_Gr%C3%BCner_Ups_Ehrwald-003.jpg?uselang=de; cc-by-sa 3.0 unported

Streifen-Bläuling
Foto: Hectonichus; http://commons.wikimedia.org/wiki/File:Lycaenidae_-_Agrodiaetus_damon.JPG?uselang=de; cc-by-sa 3.0 unported

- **Berghexe (Tagfalter):**
  Die Population am Südhang der Hohen Geba in der Thüringischen Rhön zählt zu den größten und stabilsten in Deutschland. Die Raupen der Berghexe brauchen das besondere Kleinklima des Trockenrasens und eine lückige, steindurchsetzte Vegetationsstruktur. Es wurde eine zeitliche Übereinstimmung von Raupenentwicklung und Wachstum bestimmter Gräser festgestellt.

- **Kreuzenzian-Ameisenbläuling:**
  Der Schmetterling ist auf den Kreuzenzian angewiesen: Er legt seine Eier auf die Pflanze ab und seine Raupen ernähren sich von ihren Blütenknospen. Nach der dritten Häutung verlassen die Raupen die Futterpflanze und werden von Knotenameisen in deren Nester gebracht und gefüttert. Die Überwinterung und die Verpuppung erfolgen im Ameisennest. Die Falter fliegen im Juni bis Juli mit Beginn der Enzianblüte aus. Sie saugen auch an verschiedenen Korbblütengewächsen und an Thymian. Sie bevorzugen große, kräftige Pflanzen, die aus einer nicht zu hohen und dichten Vegetationsstruktur herausragen.

- **Streifen-Bläuling:**
  Der Schmetterling kommt an warmen, sonnigen Standorten vor, die der Kalkmagerrasen der Rhön in großer Anzahl bietet. Der Schmetterling ist ganzjährig auf eine Futterpflanze, die Esparsette, angewiesen. Areale, die viel beweidet oder gemäht wurden, weisen diese Futterpflanze jedoch kaum noch auf.

Material 4

Das Rhönschaf zählt zu den ältesten Schafrassen. Es ist an das zuweilen raue Klima der Rhön mit kalten Temperaturen, Nebel, Wind und viel Regen angepasst. 1960 gab es nur noch ca. 300 Tiere, da es als Nutztier weniger Fleisch liefert als andere Rassen. Der Bestand konnte aber gesichert und wieder deutlich erhöht werden.
Im Vergleich zur Koppelhaltung zieht bei der Wanderschafhaltung der Schäfer mit seiner Herde über die Flächen hinweg. Der Schäfer kann individuell festlegen, wie lange eine Fläche beweidet wird. Die Nacht verbringen die Tiere meist in Pferchen außerhalb der beweideten Fläche. In dieser Ruhezeit setzen die Schafe den meisten Kot ab.

Material 5

Beeinflussung der Vegetation eines Kalkmagerrasens

Möglichkeiten	Folgen (unter anderem)
fehlende/reduzierte Beweidung	Besiedlung durch Schmetterlingsblütler, wodurch sich der Stickstoffgehalt des Bodens erhöht
intensive Beweidung/ Koppelhaltung	starker Nährstoffeintrag (v. a. von Stickstoff) durch Kot und Harn
mäßige Düngung mit Stickstoff (100 kg/ha über 2 Jahre)	Rückgang des Artenreichtums um ca. 45 %
Mahd	Verhinderung der Verbuschung des Kalkmagerrasens; Einschränkung der Fortpflanzungsrate bestimmter Pflanzenarten (z. B. Esparsette, Enzian, verschiedene Orchideen)

Wahlaufgabe A1: Mendelsche Regeln, Fotosynthese, ökologischer Toleranzbereich

1 In einem Versuch werden Tomatenpflanzen zweier Sorten gekreuzt.
Tomatensorte 1: AA, gefiederte Laubblätter
Tomatensorte 2: aa, ungefiederte Laubblätter

1.1 Erstellen Sie das Kreuzungsschema für die F_1-Generation.
Geben Sie für die F_1-Generation den Phänotyp und den Genotyp an.
Formulieren Sie die zutreffende Mendelsche Regel. 3

1.2 Die Ergebnisse der Kreuzung von Pflanzen der F_1-Generation sind in der folgenden Abbildung dargestellt.

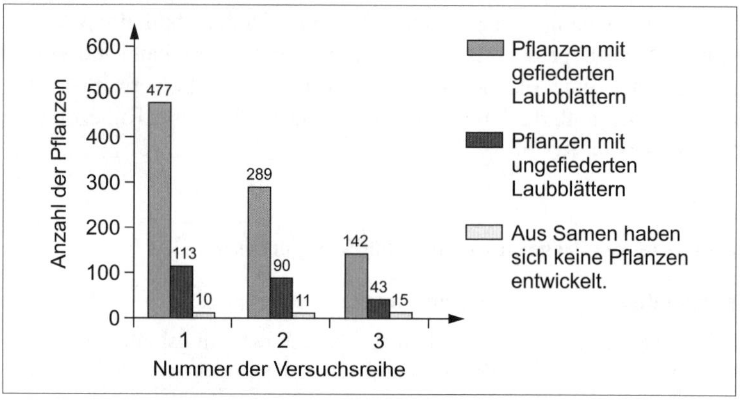

Erklären Sie das Ergebnis unter Verwendung eines Kreuzungsschemas. 4

1.3 Im Labor werden Tomatenpflanzen mit unterschiedlich farbigen Stängeln gekreuzt.
Die Farbe wird von folgenden Allelen bestimmt:
Allel A – rot
Allel a – grün

Bei der Kreuzung von Tomatenpflanzen, die für das oben genannte Merkmal reinerbig sind, mit Pflanzen, die für das Merkmal mischerbig sind, entstehen ca. 50 % rotstängelige und ca. 50 % grünstängelige Pflanzen.
Erläutern Sie an diesem Beispiel die Begriffe reinerbig und mischerbig.
Bestimmen Sie die Genotypen der für diese Kreuzung verwendeten Pflanzen und begründen Sie Ihre Entscheidung. 4

1.4 Tomatenpflanzen werden aus Samen gezogen. Eine befruchtete Zelle enthält 12 Chromosomenpaare.
Stellen Sie den prinzipiellen Ablauf der Meiose in einer beschrifteten Skizze dar. 3

2 Vor einigen Jahren wurden in Deutschland erstmals Exemplare der Tomatenminierfliege und der Tomatenminiermotte festgestellt. Ihre Larven bohren sich v. a. in das Gewebe der Laubblätter von Tomatenpflanzen und fressen bzw. schädigen somit das Blattgewebe.

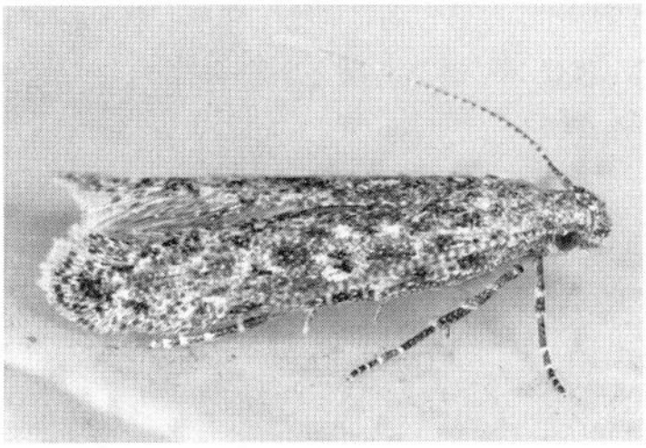

Tomatenminiermotte
Foto: © Peter Buchner

Fraßgang der Motte
Foto: netrag in www.forum.garten-pur.de

2.1 Der Befall mit diesen Insekten führt zu deutlichen Ertragsverlusten.
Leiten Sie die Folgen des Befalls für die Pflanze ab. 3

2.2 Zur Bekämpfung dieser Schadinsekten werden heute in Gewächshauskulturen auch Schlupfwespen eingesetzt, die ihre Eier in die Insektenlarven legen.
Erläutern Sie einen Vorteil dieser Form der Schädlingsbekämpfung gegenüber dem Einsatz von Insektiziden.
Begründen Sie, warum es bei diesem Verfahren nicht zu einer Massenvermehrung der Schlupfwespen kommen kann. 3

Wahlaufgabe A2: Mendelsche Regeln, Stofftransport, Fotosynthese, Versuchsmethoden

1 Viele Löwenmäulchen-Sorten sind das Ergebnis von Züchtungen.

1.1 In zwei Kreuzungsversuchen werden Löwenmäulchen-Pflanzen miteinander gekreuzt.

Versuch 1: Bei der Kreuzung von weiß blühenden mit rot blühenden Pflanzen entstehen 100 % rosa blühende Pflanzen.

Versuch 2: Von den Pflanzen der F_1-Generation werden 100 Samen ausgesät. Die Ergebnisse sind nachfolgend dargestellt.

Großes Löwenmäulchen

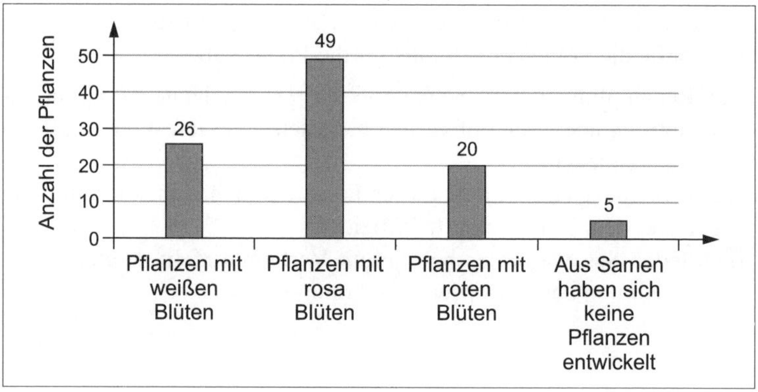

F_2-Generation

Erklären Sie unter Verwendung von Kreuzungsschemata die Ergebnisse der beiden Versuche.

Begründen Sie, dass eine große Anzahl an Kreuzungsversuchen durchgeführt werden muss, um eindeutig Rückschlüsse auf den Erbgang zu ziehen. 5

1.2 Mutationen können die Vervielfachung des Chromosomensatzes bei Löwenmäulchen auslösen, was z. B. zu einer erhöhten Samen- und Fruchtbildung oder zu besonderen Blütenformen führt.

Chromosomensatz	
Sorte A	Sorte B
n = 8	n = 16

Beschreiben Sie unter Verwendung beschrifteter Skizzen den Ablauf der Mitose.
Erläutern Sie, wie im Labor aus einer Pflanze der Sorte A durch ungeschlechtliche Vermehrung eine Pflanze der Sorte B gezüchtet werden kann. 5

2 Samenpflanzen sind autotrophe Lebewesen.

2.1 Erklären Sie die Aufnahme von Wasser in die Samenpflanze durch die Wurzel. 3

2.2 An einem trockenen, sonnigen Tag kann es zu einer verminderten Wasserversorgung kommen, wodurch sich die Spaltöffnungen schließen.
Erläutern Sie die Folgen für die Fotosynthese. 3

2.3 In einem Experiment soll geprüft werden, ob im unbelichteten und im belichteten Gewebe ein und desselben Laubblattes Fotosynthese stattfindet.
Dazu wird ein Laubblatt an einer Buche mit einem lichtundurchlässigen Streifen beklebt. Nach einem sonnigen Tag wird dieses Laubblatt abgeschnitten.

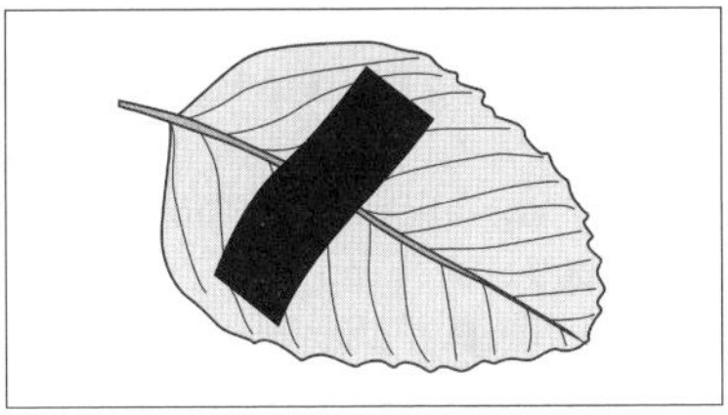

Beschreiben Sie ein mögliches Vorgehen zur Überprüfung der Ergebnisse.
Begründen Sie die zu erwartenden Ergebnisse.
Welche Erkenntnis kann aus dem Experiment gezogen werden? 4

Lösungen

Pflichtaufgabe

Ökologische Bedeutung

Kalkmagerrasen sind Ökosysteme, die infolge der Nutzung durch den Menschen entstanden sind. Durch ihre spezifischen Merkmale haben sie eine **große ökologische Bedeutung** vor allem im Hinblick auf den **Artenschutz**.
Der Kalkmagerrasen bietet Pflanzen, die in vielen Biotopen von anderen Pflanzen verdrängt werden, einen Lebensraum. Dazu zählen z. B. Silberdistel und Küchenschelle. Hierbei handelt es sich vor allem um Pflanzen, die viel Licht benötigen, Trockenheit aushalten sowie kalk- und nährstoffarme Böden bevorzugen bzw. tolerieren.
Somit ist der Kalkmagerrasen ein **Rückzugsgebiet** für gefährdete Pflanzenarten, die ansonsten in der intensiv genutzten Agrarlandschaft nicht die erforderlichen Lebensbedingungen finden. Durch die vereinzelt stehenden Wacholderbüsche wird das Ökosystem weiter strukturiert, sodass auch anspruchsvollere Pflanzen, wie beispielsweise Orchideen, geeignete Bedingungen vorfinden.
Viele der im Bereich des Kalkmagerrasens lebenden Tiere sind an die speziellen Bedingungen des Biotops angepasst. Die Raupen der Berghexe beispielsweise benötigen das Kleinklima des Trockenrasens. Zwischen den hier vorkommenden Pflanzen und Tieren gibt es oft enge Wechselbeziehungen. So ist der Kreuzenzian-Ameisenbläuling auf den Kreuzenzian und die Knotenameisen angewiesen.
Der Kalkmagerrasen bildet somit eine Einheit aus einem speziellen Lebensraum und daran angepassten Lebewesen.

Begründen der Bedeutung der Wanderschafhaltung für den Erhalt des Kalkmagerrasens

Für die Wanderschafhaltung in der Rhön wird vor allem das Rhönschaf eingesetzt, das das dort herrschende Klima gut verträgt.
Die Schafe fressen vor allem Gras und Kräuter, beißen aber auch die Jungtriebe von Sträuchern ab. Dadurch wird z. B. die **Verbuschung** des Biotops bzw. die Ansiedlung von Sträuchern verhindert bzw. eingedämmt. Zu starke Verbuschung würde zu einer deutlichen Veränderung der Umweltfaktoren des Standortes führen: Sträucher würden Schatten spenden. Niederschläge könnten nicht mehr zügig abfließen. Absterbende Pflanzenteile würden bald eine Humusschicht bilden. Auch Schmetterlingsblütler könnten von der fehlenden Beweidung profitieren und den Stickstoffanteil im Boden erhöhen. Der veränderte Standort würde schrittweise Bedingungen für die Ansiedlung weiterer konkurrenzstarker Pflanzenarten bieten. Die ursprünglich auf dem Kalkmagerrasen lebenden Pflanzen fänden keine optimalen Bedingungen mehr vor und würden schließlich von den „neuen“ Pflanzen verdrängt werden.

Typische Pflanzen des Kalkmagerrasens werden durch die Wanderschafhaltung nicht in ihrer Existenz bedroht: Viele Gräser können nach dem Abfressen nachwachsen, weil die Schafe das Gras über dem Wachstumspunkt abbeißen. Auch in filzigen Horsten geschützte junge Pflanzen bleiben unberührt. Der Enzian beispielsweise wird von Schafen wegen der in ihm enthaltenen Bitterstoffe gemieden. Auch andere Pflanzen, die z. B. über Dornen oder stechende und harte Laubblätter verfügen, werden nicht abgebissen. So bleibt z. B. der Wacholder verschont. Pflanzen mit Pfahlwurzeln können nach einem Verbiss wieder austreiben.
Im Vergleich zur maschinellen Mahd werden die Pflanzen durch eine Beweidung nur **selektiv entfernt**. Wichtig ist aber, die Schafe nur zu bestimmten Zeiten und nur für eine bestimmte Dauer auf einer Fläche weiden zu lassen. Einige auf dem Magerrasen heimische Pflanzen, z. B. Orchideen und einige Gräser, dürfen während der Bildung und Ausreifung ihrer Samen nicht beschädigt bzw. entfernt werden. Nur die Aussamung gewährleistet die Existenz dieser Pflanzen über Jahre. Im Gegensatz zur intensiven Beweidung oder der Mahd kann die Wanderschafhaltung dieser Forderung aber gezielt nachkommen.
Im Vergleich mit der Koppelhaltung hat die Wanderschafhaltung einen weiteren Vorteil: Die Schafe ziehen nur während des Tages über die Flächen hinweg. Die Nacht verbringen sie meist außerhalb der beweideten Flächen. Damit ist gewährleistet, dass der Kalkmagerrasen nicht zu stark vom Kot der Schafe belastet wird, was einen **hohen Nährstoffeintrag** zur Folge hätte. Dies würde die Konzentration an Nährsalz-Ionen im Boden deutlich erhöhen. Dadurch wäre die Existenz von Pflanzen bedroht, die nährstoffarme Böden benötigen, da die Ansiedlung von Pflanzen begünstigt würde, die nährstoffreiche Böden bevorzugen.

Dies alles macht deutlich, dass der Artenreichtum der Kalkmagerrasen der Rhön nur durch eine gezielte Pflege erhalten werden kann.

Wahlaufgabe A1

1.1 Kreuzung von Pflanzen zweier Tomatensorten:
AA (gefiederte Laubblätter)
aa (ungefiederte Laubblätter)

F_1	A	A
a	Aa	Aa
a	Aa	Aa

Genotyp: 100 % Aa
Phänotyp: 100 % Pflanzen mit gefiederten Laubblättern

1. Mendelsche Regel: Kreuzt man zwei Individuen einer Art, die in einem Merkmal unterschiedlich, aber jeweils reinerbig sind, so sind die Nachkommen in der F_1-Generation in diesem Merkmal gleich.

1.2 **Erklärung:** Die Ergebnisse der Versuche zeigen, dass bei der Kreuzung von Tomatenpflanzen der F_1-Generation ungefähr 75 % der Pflanzen der F_2-Generation gefiederte Laubblätter und ca. 25 % ungefiederte Laubblätter aufweisen.
Aus einigen der Samen gehen aus verschiedenen Gründen (z. B. Nichtauskeimen der Samen oder Abknicken der Pflanzen) keine Pflanzen hervor.
Da das Allel für das Merkmal „gefiedert" dominant gegenüber dem Allel für das Merkmal „ungefiedert" ist, entstehen bei den Allelkombinationen Aa und AA Pflanzen mit gefiederten Laubblättern und bei der Allelkombination aa Pflanzen mit ungefiederten Laubblättern.

Die Ergebnisse treten nur annähernd in dem genannten Verhältnis auf.
Die Pflanzen der F_1-Generation bilden Pollen und Eizellen. Die im Ergebnis der Meiose gebildeten Geschlechtszellen enthalten entweder das Allel A oder das Allel a. Welche Geschlechtszellen miteinander verschmelzen, ist zufällig. Bei einer großen Anzahl an Befruchtungen ist es aber wahrscheinlich, dass sich die Ergebnisse immer mehr dem entsprechend dem Kreuzungsschema zu erwartenden Zahlenverhältnis annähern.

F_2	A	a
A	AA	Aa
a	Aa	aa

1.3 **Erläuterung:** Sind die Allele eines Chromosomenpaares für die Ausbildung eines Merkmals, z. B. der Stängelfarbe, gleich (aa oder AA), spricht man von **reinerbig**.
Sind die Allele eines Chromosomenpaares für die Ausbildung eines Merkmals unterschiedlich (Aa), spricht man von **mischerbig**.

Bestimmung der Genotypen: Die Genotypen der verwendeten Pflanzen sind **aa** und **Aa**.

Begründung: Das Allel für das Merkmal rot ist dominant, das Allel für das Merkmal grün rezessiv. Als reinerbig kommen Pflanzen mit dem Genotyp AA und aa in Betracht. Als mischerbig kommen nur Pflanzen mit dem Genotyp Aa infrage.
Die Verwendung einer reinerbigen Pflanze mit dem Allelpaar AA ist ausgeschlossen, weil bei der Kombination mit Pflanzen des Allelpaars Aa die Nachkommen die Genotypen AA und Aa (im Verhältnis 1 : 1) aufweisen würden und alle Pflanzen folglich phänotypisch rotstängelig wären.
Nur bei der Kreuzung von aa und Aa kommt es zur Kombination von Aa : aa im Verhältnis von 1 : 1. 50 % dieser Pflanzen haben rote Stängel (Aa) und 50 % grüne Stängel (aa).

1.4 **Skizze:**

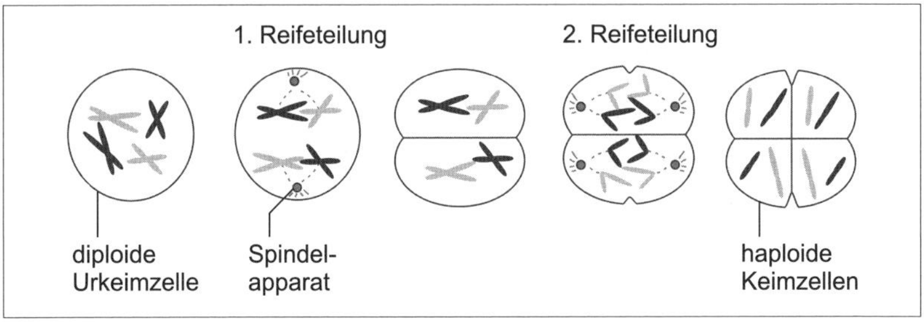

2.1 **Ableitung:** Bei der Fotosynthese werden körpereigene organische Stoffe gebildet, die die Pflanze als Bausubstanz und als Energieträger benötigt. Durch die Fraßwirkung werden auch chlorophyllreiche Zellen zerstört, was zur Einschränkung der Fotosynthese führt. Die Pflanze kann nicht wachsen und die notwendigen Lebensprozesse ausführen. Je nach Schwere der Schädigung können sogar Teile der Pflanze oder der gesamte Organismus absterben.

2.2 **Erläuterung:** Nach dem Einsatz von Insektiziden verbleiben unerwünschte Rückstände auf den Kulturpflanzen, die gesundheitlich bedenklich sein können. Beim Einsatz von Schlupfwespen tritt dieses Problem nicht auf.

Begründung: Die Schlupfwespen benötigen für die Entwicklung ihrer Larven und damit für ihre Fortpflanzung die Schadinsekten. Dadurch werden die Schadinsekten dezimiert. Infolgedessen können sich weniger Schlupfwespen fortpflanzen. Eine übermäßige Entwicklung des Schlupfwespenbestands ist folglich ausgeschlossen.

Wahlaufgabe A2

1.1 **Erklärung:** Wenn bei der Kreuzung von Individuen der F_1-Generation ausschließlich rosa blühende Pflanzen entstehen, ist davon auszugehen, dass die Pflanzen der F_1-Generation für das Merkmal Farbe reinerbig sind. Die Mischfarbe rosa weist darauf hin, dass die betreffenden Allele „gleich stark" sind. Es handelt sich folglich um einen intermediären Erbgang.

w: Allel für weiße Farbe   r: Allel für rote Farbe

F_1	w	w
r	rw	rw
r	rw	rw

Genotyp: 100 % rw
Phänotyp: 100 % rosa

Bei der Kreuzung der mischerbigen Pflanzen der F_1-Generation entstehen annähernd 25 % rot blühende, 50 % rosa blühende und 25 % weiß blühende Pflanzen. Das Ergebnis entspricht folgendem Kreuzungsschema:

F_2	r	w
r	rr	rw
w	rw	ww

Genotyp: rr : rw : ww = 1 : 2 : 1
Phänotyp: rot : rosa : weiß = 1 : 2 : 1

Dass aus der Kreuzung der Individuen der F_1-Generation rot-, rosa- und weiß-blühende Pflanzen im Verhältnis 1 : 2 : 1 hervorgehen, bestätigt, dass es sich um einen intermediären Erbgang handelt.
Aus verschiedenen Gründen sind einige Kreuzungsversuche erfolglos. Sie können in die Auswertung nicht einbezogen werden.

Begründung: Jede Geschlechtszelle enthält einen einfachen Chromosomensatz. In diesem Beispiel enthält eine Geschlechtszelle entweder das Allel r oder das Allel w. Durch Befruchtung kommt es mit einer bestimmten Wahrscheinlichkeit zu den Kombinationen rr, rw oder ww.
Je größer die Anzahl an Befruchtungen ist, desto weiter nähert sich dabei das Ergebnis dem rechnerisch zu erwartenden Verhältnis an.

1.2 **Beschreibung der Mitose:**

Spiralisierung des Chromatins, Chromosomen werden sichtbar; Auflösung der Kernmembran	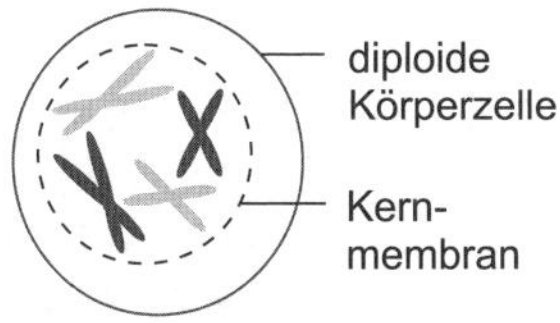
Ausbildung des Spindelapparats und Anordnung der Chromosomen in der Äquatorialebene	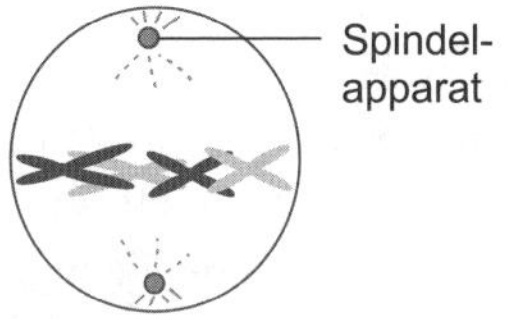
Trennung der Chromosomen in Halbchromosomen (Chromatiden) Transport der Chromatiden zu den entgegengesetzten Zellpolen (Aufteilung der Chromatiden)	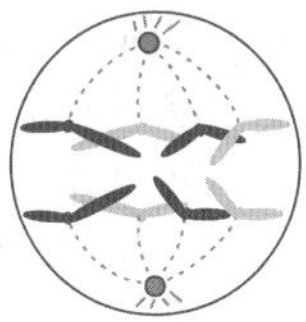
Ausbildung der Kernmembran und Teilung der Mutterzelle in zwei Tochterzellen	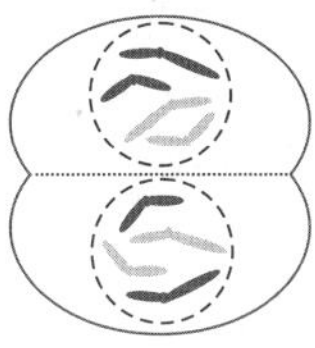

Erläuterung: Eine Verdopplung des Chromosomensatzes $n = 8$ erfolgt, wenn der Spindelapparat nicht ausgebildet wird. Dies kann durch den Einsatz von Spindelgiften erreicht werden.
Die Chromatiden einer Zelle ordnen sich dann nicht in der Äquatorialebene an und werden nicht an die Pole gezogen. Im Ergebnis entstehen auch Zellen mit doppeltem Chromosomensatz. Diese Zellen mit $n = 16$ werden als Ausgangsmaterial zur Züchtung von Pflanzen der Sorte B verwendet.

2.1 **Erklärung:** Die Wurzelhaarzellen besitzen große Vakuolen mit hoch konzentriertem Zellsaft. Die Zellmembran der Wurzelhaarzellen und die Membran der Vakuolen sind für Wasser durchlässig, nicht aber für die im Zellsaft gelösten Ionen. Zwischen dem niedrig konzentrierten Bodenwasser und der konzentrierten Innenlösung besteht demnach ein hohes Konzentrationsgefälle. Infolgedessen kommt es zu einem einseitig gerichteten Konzentrationsausgleich, d. h., es wird Wasser in die Wurzelhaarzelle aufgenommen.

2.2 **Erläuterung:** Sind die Spaltöffnungen geschlossen, kann die Pflanze kein Kohlenstoffdioxid mehr aufnehmen. Damit fehlt der Pflanze ein Ausgangsstoff für die Fotosynthese. Folglich kann die Fotosynthese nicht mehr ablaufen und es kann keine Glucose mehr produziert werden, die die Pflanze zum Aufbau von Biomasse und zur Energiegewinnung benötigt.

2.3 **Beschreibung:** Der Nachweis der Fotosyntheseaktivität kann über den Stärkegehalt geführt werden. Bei der Fotosynthese entsteht Glucose, die in Stärke umgewandelt wird. Der Nachweis dieses Speicherstoffs erfolgt mit Iod-Kaliumiodid-Lösung. Der Farbumschlag von farblos zu violettschwarz zeigt an, dass Stärke vorhanden ist. Aus einem positiven Nachweis kann geschlussfolgert werden, dass Fotosynthese stattgefunden hat.
Vor dem Nachweis sollte das Chlorophyll aus dem Laubblatt entfernt werden, damit die Verfärbung besser zu erkennen ist.

Begründung: Im abgeklebten Teil des Laubblattes müsste der Stärkenachweis negativ ausfallen. Durch das Abkleben fehlte die Lichtenergie, die für die Bildung von Glucose erforderlich ist.
Im belichteten Teil müsste der Stärkenachweis positiv ausfallen, da hier die notwendige Lichtenergie vorhanden war.

Erkenntnis: Die Fotosynthese im Laubblatt erfolgt nur unter Einwirkung von Lichtenergie.

BE

Pflichtaufgabe: Genetisch bedingte Krankheiten des Menschen

Phenylketonurie

Ein junges Paar wünscht sich ein Kind. Sie haben aber Sorge, denn in der Familie des Mannes waren zwei Personen an Phenylketonurie (PKU) erkrankt. Deshalb möchten sie sich untersuchen lassen, um festzustellen, ob für ein zukünftiges Kind die Gefahr einer PKU-Erkrankung besteht und sich darüber hinaus umfassend über diese Erbkrankheit informieren.
Erläutern Sie zwei Methoden, auf deren Grundlage die Eltern beraten werden können.
Fertigen Sie ein Informationsblatt über PKU an. Orientieren Sie sich an folgenden Schwerpunkten:
- Ursache der PKU
- Zusammenhang zwischen Gendefekt und Erkrankung
- Diagnostik der Erkrankung
- Therapiemöglichkeiten

Beziehen Sie in Ihre Darstellung geeignete Sachverhalte aus der nachfolgenden Materialsammlung ein. 20

Material 1

Die Aminosäure Phenylalanin gelangt entweder direkt über die Nahrung in den menschlichen Körper oder sie entsteht im Zuge der Eiweißverdauung. Normalerweise wird diese Aminosäure enzymatisch in Tyrosin umgewandelt.
Bei der Erbkrankheit PKU kann infolge eines Gendefekts das Enzym, das die Umwandlung von Phenylalanin in Tyrosin bewirkt, nicht gebildet werden. Der Gendefekt kann heterozygot oder homozygot vorliegen. Liegt er homozygot vor, wird das Enzym überhaupt nicht gebildet. Liegt er hingegen heterozygot vor, wird noch eine geringe Menge davon produziert und es treten keine körperlichen Schädigungen auf.

Material 2

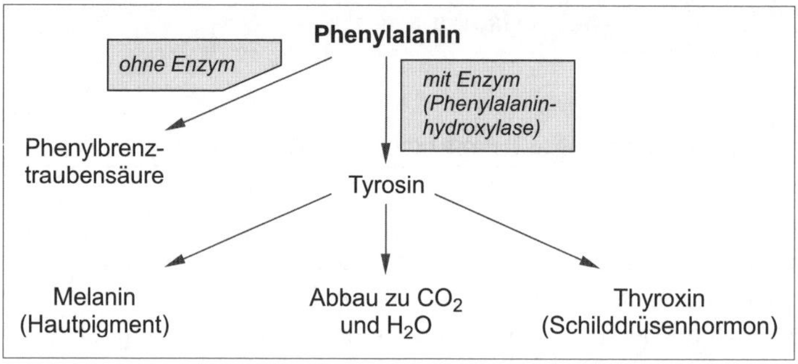

Der Weg des Phenylalanins im Körper

Material 3

Ist die Konzentration von Phenylbrenztraubensäure im Blut während der Entwicklung des Gehirns erhöht, kommt es dort zu Schädigungen. Diese betreffen die Ausbildung der Nervenzellen, was bei den Betroffenen in der Regel zu schweren geistigen Behinderungen führt.

Material 4

Bestimmung der Konzentration von Phenylalanin im Blut: Der Nährboden einer Agarplatte ist mit einem *Bacillus-subtilis*-Bakterienstamm durchsetzt.
In Reihe I wird in bestimmten Abständen eine Lösung aufgetropft, die Phenylalanin enthält. Dabei wird die Konzentration an Phenylalanin schrittweise erhöht. Nach einer definierten Zeit wird die Größe der sich entwickelten Bakterienkolonien ermittelt. Diese Reihe dient als Vergleichsreihe.
Anschließend wird das zu testende Blut auf die Agarplatten gegeben.

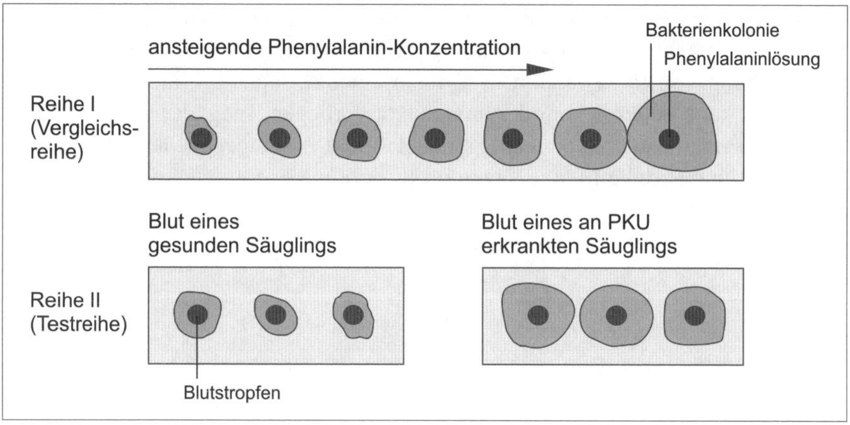

Agarplatten mit Bakterienkolonien des Stammes *Bacillus subtilis*

Material 5

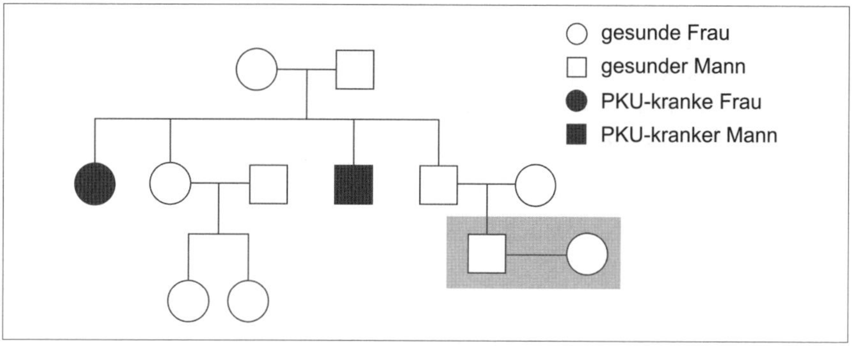

Familienstammbaum des Mannes des Rat suchenden Paares (Paar grau hinterlegt)

Material 6

Eine an PKU erkrankte Person, eine reinerbig gesunde Person und eine Person, bei der ein Allel des relevanten Allelpaares betroffen ist, erhalten zum Zeitpunkt 0 eine Lösung, die Phenylalanin enthält. In den folgenden Stunden wird im Blut die Konzentration an Tyrosin gemessen.

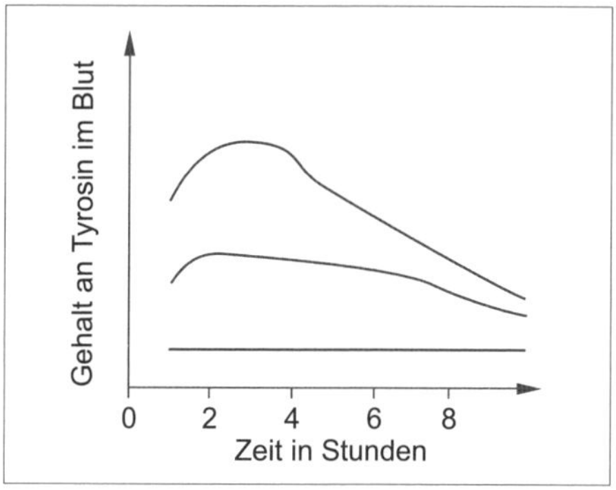

Gehalt an Tyrosin bei drei verschiedenen Personen nach Gabe von Phenylalanin zum Zeitpunkt 0

Material 7

Durch eine phenylalaninarme Diät von Geburt an, können die Auswirkungen der Erkrankung auf die Gesundheit und die geistige Entwicklung der Betroffenen sehr gering gehalten werden.

Wahlaufgabe A1: Stoffwechselprozesse, Ökosystem Acker

1 In der Landwirtschaft kommt es immer wieder zu Verlusten und Sachschäden, weil Lagerbestände an Getreide durch Selbstentzündung verbrennen. Dafür gibt es unterschiedliche Ursachen.

- Im Experiment A wird der Stoffwechsel von Getreidekörnern untersucht.
- Im Experiment B wird die Zellteilung bzw. das Wachstum von bestimmten Bakterien und Schimmelpilzen unter verschiedenen Bedingungen bestimmt.

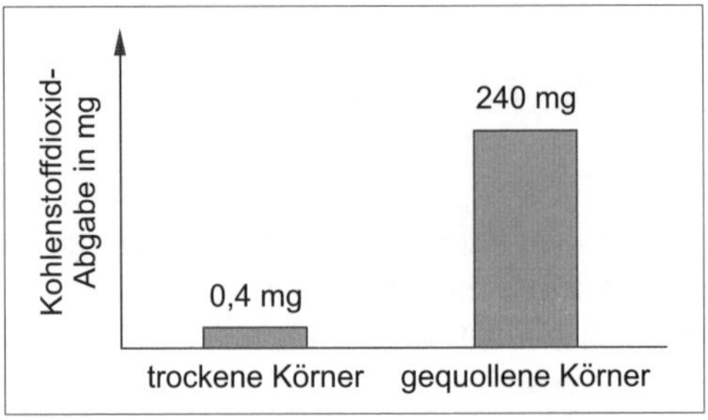

Ergebnis von Experiment A

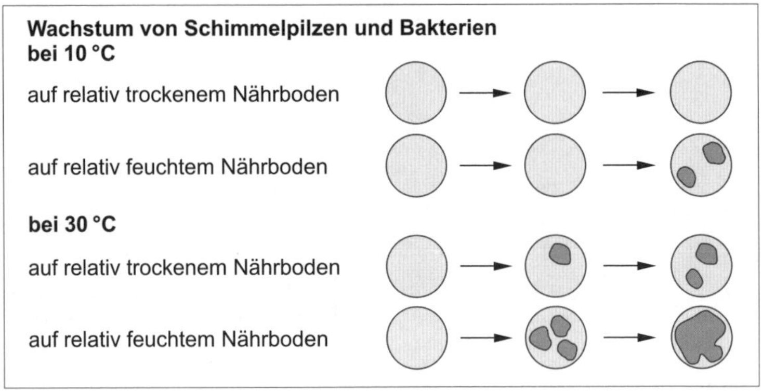

Ergebnis von Experiment B

1.1 Geben Sie die Wortgleichung und die Reaktionsgleichung des im Experiment A nachgewiesenen Prozesses an. Erläutern Sie die Bedeutung des Prozesses für die Pflanze. 3

1.2 Entwickeln Sie für das Experiment A eine geeignete Versuchsanordnung. Fertigen Sie zur Veranschaulichung beschriftete Skizzen an und begründen Sie die Versuchsanordnung.
Folgende Geräte und Chemikalien stehen unter anderem zur Verfügung: Erlenmeyerkolben, Gärröhrchen. 4

1.3 Erklären Sie unter Einbeziehung der Versuchsergebnisse der Experimente A und B, wie es in Getreidelagern zur Selbstentzündung kommen kann. Begründen Sie eine praktische Maßnahme zur Vermeidung der Selbstentzündung von Getreide. 7

2 Der Ertrag in der Landwirtschaft wird unter anderem auch von tierischen Schädlingen gemindert. Getreide wird entsprechend seines Entwicklungs- und Reifegrades z. B. von Insekten wie Getreidehähnchen und Blattläusen geschädigt. Aber auch Feldmäuse können die Erträge schmälern.
Die intensive Bewirtschaftung beinhaltet in der Regel auch den Einsatz von Herbiziden und Insektiziden. Außerdem sind große Anbauflächen für eine maschinelle Bearbeitung besser geeignet als kleine. Diese Tatsachen haben unter anderem auch dazu geführt, dass die sogenannte Ackerbegleitflora stark zurückgegangen ist. Dazu gehören Wildkräuter, z. B. Kornblume, Klatschmohn, Labkraut und Ackerwinde, die direkt zwischen dem Getreide, aber auch als Randstreifen wachsen. Viele dieser Pflanzen werden von Insekten als Nahrung, aber auch als Brutplatz genutzt.
Um die Größe der Äcker zu erhöhen, sind Gehölze und Hecken an vielen Stellen entfernt worden. Nach Schätzungen von Zoologen sind etwa 90 % der ca. 1 200 früher auf Äckern heimischen Tierarten verschwunden oder stark dezimiert worden. Betroffen sind neben Rebhuhn, Feldmaus, Feldhamster, Wachtel, Mäusebussard, und Maulwurf unter anderem auch zahlreiche Insekten- und Spinnenarten.

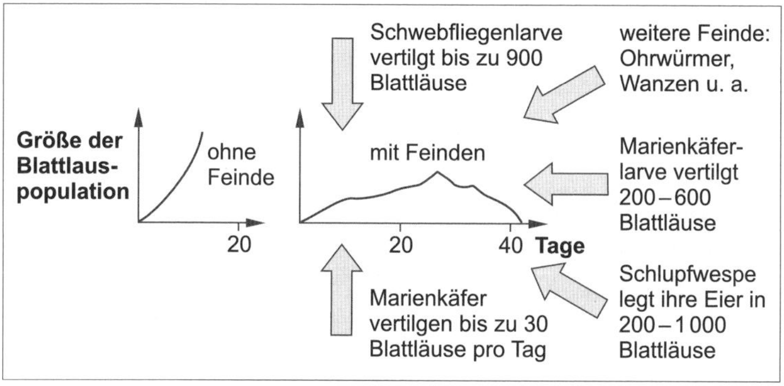

Einfluss von Fressfeinden auf die Blattlauspopulation

Erläutern Sie den Einfluss von Hecken, Ackerrandstreifen und Ackerwildkräutern auf den Schädlingsbefall eines Getreidefeldes. 6

Wahlaufgabe A2: Stoffwechselprozesse, Bedingungen der Fotosynthese, Kohlenstoffkreislauf

1 Organismen, die keine Fotosynthese durchführen können, sind auf die Existenz grüner Pflanzen angewiesen. Deshalb gilt die Fotosynthese zu Recht als grundlegender biochemischer Prozess.

1.1 Geben Sie die Summengleichung für die Fotosynthese an. Ordnen Sie den Prozess in den Stoff- und Energiewechsel ein und begründen Sie die Einordnung. 3

1.2 Erläutern Sie die Bedeutung der Fotosynthese für das Leben auf der Erde. 3

2 Stoffwechselvorgänge in Pflanzen können experimentell nachgewiesen werden. Mögliche Versuchsanordnungen sind in der folgenden Abbildung dargestellt.

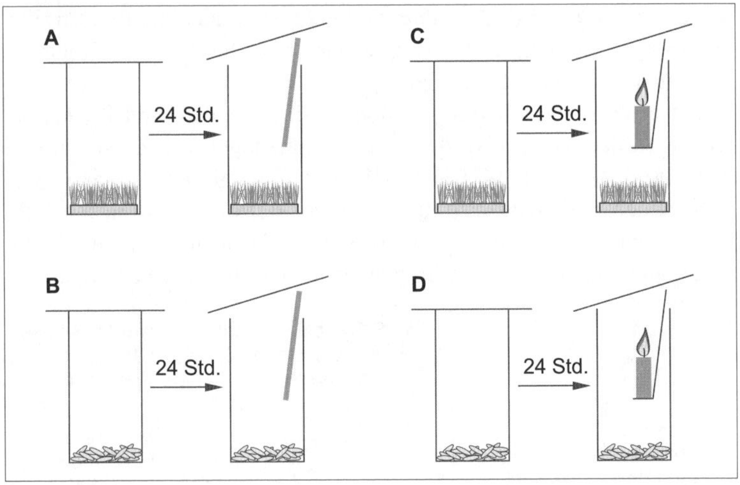

Experimentelle Bestimmung von Stoffwechselvorgängen bei Pflanzen

In den **Standzylinder A** wird eine Petrischale mit grünen Kressepflanzen gegeben. Der **Standzylinder B** wird mit Blütenblättern gefüllt.
Beide Standzylinder werden mit Starklicht bestrahlt.
Nach 24 Stunden wird ein mit Kalziumhydroxidlösung benetzter Glasstab eingeführt.

In den **Standzylinder C** wird eine Petrischale mit grünen Kressepflanzen gegeben. Der **Standzylinder D** wird mit Blütenblättern gefüllt.
Beide Standzylinder werden mit Starklicht bestrahlt.
Nach 24 Stunden wird eine brennende Kerze eingeführt.

Erklären Sie die zu erwartenden Versuchsergebnisse. 6

3 Das Wissen über den Ablauf und die Beeinflussbarkeit der Fotosynthese wird auch im Gartenbau genutzt. Begründen Sie zwei Maßnahmen, durch die eine Ertragssteigerung von Gemüse in Gewächshäusern zu erzielen ist. 4

4 Die Fotosynthese nimmt einen zentralen Platz im Kohlenstoffkreislauf der Natur ein. Trotz des Verbrauchs bei der Fotosynthese bleibt unter Normalbedingungen der Anteil von Kohlenstoffdioxid in der Atmosphäre aber relativ konstant. Erklären Sie diesen Sachverhalt. 4

Lösungen

Pflichtaufgabe

Grundlagen der Beratung

- **Analyse des Stammbaums:** Bei der Phenylketonurie (PKU) handelt es sich um eine rezessive Erbkrankheit. Aus dem vorliegenden Stammbaum (Material 5) wird ersichtlich, dass erkrankte Personen phänotypisch gesunde Eltern haben können. Die Eltern sind in diesem Fall also jeweils Träger eines defekten Allels.
  Es ist möglich, dass der Rat suchende Mann Träger des defekten Allels ist. Um auf der Basis des Stammbaums eine Aussage bezüglich eines zukünftigen Kindes treffen zu können, muss ermittelt werden, ob die Erkrankung auch in der Familie der Frau aufgetreten ist.

- **Biochemischer Test:** In einem Test kann ermittelt werden, ob ein Mensch Träger der Erbkrankheit ist. Dazu wird der jeweiligen Person eine bestimmte Menge an Phenylalanin verabreicht.
  Ist die Person homozygot gesund, verfügt sie über das Enzym Phenylalaninhydroxylase, das das Phenylalanin in Tyrosin umwandelt. Daher ist nach einer gewissen Zeit eine deutlich erhöhte Tyrosinkonzentration im Blut nachweisbar.
  Ist die Person heterozygoter Träger des veränderten Allels, verfügt sie zwar über das Enzym, aber nur in einer relativ geringen Menge. Nach einer gewissen Zeit erhöht sich daher zwar die Konzentration an Tyrosin in ihrem Blut, jedoch nicht so stark wie bei gesunden Menschen.
  An PKU erkrankten Personen fehlt die Phenylalaninhydroxylase völlig. Daher ist bei ihnen kein Anstieg der Tyrosinkonzentration im Blut feststellbar.
  Stellt sich heraus, dass nur ein Partner heterozygoter Träger des veränderten Allels ist, besteht für ein Kind keine Gefahr, an PKU zu erkranken. Sind jedoch beide Partner heterozygote Allelträger (Aa), besteht statistisch gesehen eine 25 %ige Wahrscheinlichkeit, dass das Kind an PKU erkrankt (aa).

  Normales Allel: A
  Defektes Allel: a

	A	a
A	AA	Aa
a	Aa	aa

Informationsblatt zur PKU

- **Ursache der Erkrankung** (Zusammenhang zwischen Gendefekt und Erkrankung): Gene enthalten die Information für die Bildung von Eiweißen, bei denen es sich oft um Enzyme handelt. Im Fall der Phenylketonurie (PKU) bewirkt ein Gendefekt, dass genau das Enzym, das bei Gesunden das in der Nahrung enthaltene Phenylalanin in Tyrosin umwandelt, nicht gebildet wird. Nimmt eine an PKU erkrankte Person Phenylalanin mit der Nahrung auf, wird die Aminosäure von ihrem Organismus in Phenylbrenztraubensäure umgebaut. Tritt bei Kindern während ihrer Hirnentwicklung eine erhöhte Konzentration an Phenylbrenztraubensäure auf, können sich die Nervenzellen nicht richtig entwickeln und das Kind trägt einen bleibenden geistigen Schaden davon (Material 2, 3).
- **Diagnose der Erkrankung:** Das Blut eines betroffenen Kindes weist eine erhöhte Konzentration an Phenylalanin auf. Diese Veränderung kann mithilfe eines Bakterientests festgestellt werden (Material 4).
Bakterien der Art *Bacillus subtilis* benötigen für ihr Wachstum Phenylalanin. Bei Vorhandensein einer geringen Konzentration an Phenylalanin entsteht eine kleinere Bakterienkolonie als bei einer höheren Konzentration. Normales Blut weist eine geringere Phenylalaninkonzentration auf als das Blut einer an PKU erkrankten Person. Lässt man die Bakterien auf einer Nährlösung wachsen, die das Blut einer zu testenden Person enthält, und vergleicht das Ergebnis mit dem Resultat, das sich mit normalem Blut ergibt, so kann man anhand der Größe der Bakterienkolonien eine Aussage über den Gesundheitszustand der Person treffen.
- **Therapiemöglichkeiten:** Wird ein Kind mit der Erkrankung geboren, sollte es bis zum Erwachsenenalter ausschließlich phenylalaninarme Nahrung zu sich nehmen. Nur so kann gewährleistet werden, dass die Hirnentwicklung nicht durch eine erhöhte Phenylalaninkonzentration gestört wird. Darüber hinaus muss die betroffene Person aber zusätzlich Tyrosin erhalten. Normalerweise entsteht die Aminosäure beim enzymatischen Abbau von Phenylalanin. Da das entsprechende Enzym von PKU-Patienten jedoch nicht produziert wird, würde es dem Körper ansonsten nicht in ausreichendem Maße zur Verfügung stehen. Tyrosin wird aber dringend benötigt, z. B., um das Hautpigment Melanin und das Schilddrüsenhormon Thyroxin zu bilden (Material 2).
Wissen Eltern bereits vor oder während der Schwangerschaft von der Erkrankung ihres Kindes, sollte die Schwangere nur phenylalaninarme Nahrung zu sich nehmen, da das über den Blutkreislauf aufgenommene Phenylalanin vom Kind selbst nicht abgebaut werden kann und somit seine Hirnentwicklung schon während der Schwangerschaft beeinträchtigt.

1.1 **Wortgleichung der Zellatmung:**
Glucose + Sauerstoff ⟶ Kohlenstoffdioxid + Wasser

Reaktionsgleichung der Zellatmung:
$C_6H_{12}O_6 + 6\,O_2 \longrightarrow 6\,CO_2 + 6\,H_2O$ *oder*
$C_6H_{12}O_6 + 6\,H_2O + 6\,O_2 \longrightarrow 6\,CO_2 + 12\,H_2O$

Erläuterung:
Bei der Atmung wird aus energiereichen organischen Stoffen durch Oxidation Energie freigesetzt, die die pflanzlichen Zellen für zahlreiche Stoffwechselreaktionen benötigen.

1.2 **Versuchsanordnung:**

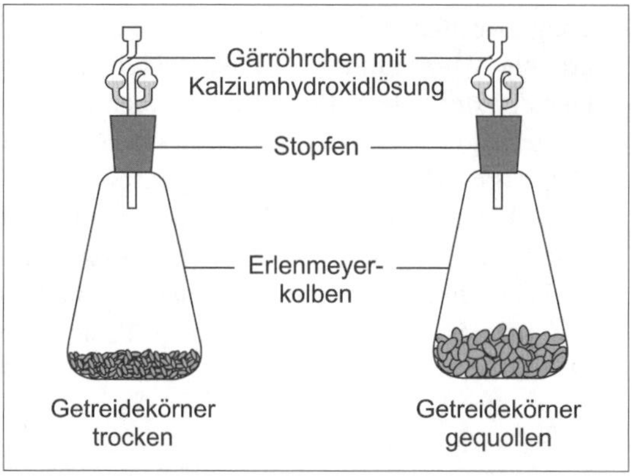

Ein Erlenmeyerkolben wird mit trockenen Getreidekörnern, ein weiterer mit gequollenen Getreidekörnern gefüllt. Beide Kolben werden mit einem Stopfen mit Gärröhrchen verschlossen. In die Gärröhrchen wird z. B. Kalziumhydroxidlösung gefüllt.

Begründung: Durch diese Versuchsanordnung kann das bei der Atmung entstehende CO_2 mithilfe der Kalziumhydroxidlösung nachgewiesen werden (weißer Niederschlag).

1.3 **Erklärung:** Werden die Getreidekörner zu feucht eingelagert, ist die Atmungsaktivität der Zellen relativ hoch (Experiment A). Im Ergebnis der Atmung wird u. a. Wärmeenergie abgegeben, die sich im Getreidelager anstaut (Wärmestau).
Feuchtigkeit und die erhöhte Temperatur führen dazu, dass sich auch die oft am Getreide anhaftenden Schimmelpilze und Bakterien optimal vermehren können bzw. wachsen (Experiment B). Auch diese atmen und geben daher Wärmeenergie ab, sodass sich die Temperatur zusätzlich erhöht. Wird eine bestimmte Temperatur erreicht, kommt es zur Selbstentzündung.

Begründung: Getreide sollte nicht zu feucht eingelagert werden, damit es durch die Atmung der Getreidekörner und der anhaftenden Mikroorganismen nicht zu einer zu starken Temperaturerhöhung kommt.

Oder:
Getreidesilos sollten ausreichend belüftet sein, damit eventuell entstehende Wärme gut entweichen kann.

2 **Erläuterung:** Ackerrandstreifen mit Wildkräutern, aber auch angrenzende Hecken, bieten vielen Tieren einen geeigneten Lebensraum. Sie finden hier z. B. Nahrung und Unterschlupf sowie Brut- und Überwinterungsmöglichkeiten. Je größer die Pflanzenvielfalt ist, desto mehr verschiedene Tiere finden sich ein. Werden die Äcker nicht durchgehend mit Insektiziden behandelt, siedeln sich neben den „schädigenden“ auch „nützliche“ Insekten an. Letztere bevorzugen häufig die Schadinsekten als Nahrung und regulieren dadurch deren Bestand. Zu diesen „nützlichen“ Insekten zählen beispielsweise Marienkäfer, Blattwanzen und Schwebfliegen, die große Mengen an Blattläusen vertilgen.
Viele Singvögel meiden freie Felder. Sie benötigen Rückzugsmöglichkeiten. Brüten die Vögel in den angrenzenden Ackerrandstreifen bzw. Hecken, verfüttern sie große Mengen an Insekten an ihre Nachkommen.
Feldmäuse und Feldhamster, die sich auch vom Getreide ernähren, siedeln sich zwar an, werden aber von Greifvögeln und von Füchsen als Nahrung genutzt.
Durch den Aufbau eines biologischen Gleichgewichtes können zwar die „Schädlinge“ nicht gänzlich ausgeschaltet werden, ihre Anzahl wird aber so gering gehalten, dass keine bedeutsamen Ernteverluste auftreten.

1.1 **Summengleichung der Fotosynthese:**

$6\,CO_2 + 12\,H_2O \longrightarrow C_6H_{12}O_6 + 6\,H_2O + 6\,O_2$ *oder*

$6\,CO_2 + 6\,H_2O \longrightarrow C_6H_{12}O_6 + 6\,O_2$

Begründete Einordnung: Wie aus der Gleichung ersichtlich wird, ist die Fotosynthese eine Form der **autotrophen Kohlenstoffassimilation**. Die energiearmen anorganischen Stoffe CO_2 und H_2O werden aufgenommen und unter Nutzung von Lichtenergie in den energiereichen organischen Stoff $C_6H_{12}O_6$ (Glucose) umgewandelt.

1.2 **Erläuterung:** Die Fotosynthese ist die Grundlage für die Erhaltung des Lebens auf der Erde: Bei der Fotosynthese wird aus der anorganischen Kohlenstoffverbindung Kohlenstoffdioxid mithilfe von Sonnenlicht **Biomasse**, d. h. organische Kohlenstoffverbindungen, aufgebaut. Diese bilden direkt oder indirekt die Nahrungsgrundlage für die heterotrophen Organismen. Außerdem wird bei der Fotosynthese der lebenswichtige **Sauerstoff** freigesetzt, den die atmenden Organismen für ihre Dissimilation benötigen.

2 **Erklärung:** In den **Standzylindern A und C** befinden sich fotosynthetisch aktive Kressepflanzen. Durch die Bestrahlung mit Starklicht ist die Fotosyntheseleistung hoch, die Pflanzen produzieren relativ viel Sauerstoff und verbrauchen das Kohlenstoffdioxid aus der Luft.

- Die Kalziumhydroxidlösung am Glasstab trübt sich kaum ein (höchstens sehr geringe Trübung erkennbar), da der Kohlenstoffdioxidgehalt im Zylinder aufgrund der hohen Fotosyntheseaktivität sehr gering ist.
- Die Fotosyntheseleistung übersteigt die Atmungsleistung und somit reichert sich im Standzylinder Sauerstoff an. Die Kerze leuchtet deshalb hell auf.

In den **Standzylindern B und D** befinden sich Blütenblätter, die kein Chlorophyll besitzen. Somit kann hier keine Fotosynthese erfolgen. In den Zellen der Blütenblätter findet aber Atmung statt. Folglich sammelt sich in den Zylindern Kohlenstoffdioxid als Endprodukt der Zellatmung an, da es hier nicht durch Fotosynthese verbraucht wird, und der Sauerstoffgehalt sinkt.

- Da im Zylinder eine hohe Kohlenstoffdioxidkonzentration vorliegt, zeigt sich am mit Kalziumhydroxidlösung benetzten Glasstab eine deutliche weiße Trübung (Kalziumkarbonat).
- Durch die Atmung wird Sauerstoff verbraucht. Aufgrund des geringen Sauerstoffgehalts der Luft erlischt die Kerze.

3 **Begründung:**

- Durch **Steigerung der Lichtintensität** wird die Fotosyntheseleistung erhöht, da das Licht die Energiequelle dieses Stoffwechselprozesses darstellt. Erhöhung der Fotosyntheseleistung heißt, dass in der gleichen Zeit mehr Kohlenstoffdioxid und Wasser zu Glucose und Sauerstoff umgewandelt werden und somit die Biomasseproduktion erhöht wird.
- Bei **optimaler Temperatur** laufen die chemischen Reaktionen der Fotosynthese schneller ab. Folglich steigen die Fotosyntheseleistung und die Biomasseproduktion.

4 **Erklärung:** Bei der Fotosynthese nutzt die Pflanze den Kohlenstoff aus dem Kohlenstoffdioxid für den Aufbau organischer Stoffe. Pflanzen stehen als Produzenten am Anfang der Nahrungskette. Die organischen Stoffe sind Grundlage für die Ernährung der heterotrophen Lebewesen.

Bei der Zellatmung der Pflanzen selbst, aber auch bei der aller atmenden Tiere und des Menschen werden energiereiche organische Stoffe oxidiert. Das bei diesem Prozess entstehende Kohlenstoffdioxid wird an die Luft abgegeben, wo es den Pflanzen wieder zur Verfügung steht.

Die organischen Stoffe, die am Aufbau des Körpers beteiligt sind und somit nicht oxidiert werden, werden nach dem Tod durch Destruenten abgebaut. Auch hier wird durch den Abbau organischer Stoffe Kohlenstoffdioxid in die Umgebung freigesetzt und kann wieder für die Fotosynthese genutzt werden.

CO_2 ist also Bestandteil des Kohlenstoffkreislaufs der Natur. Bildung und Verbrauch liegen in einem gewissen Gleichgewicht.

**Besondere Leistungsfeststellung Thüringen 10. Klasse Biologie
Beispielaufgabe 5**

BE

Pflichtaufgabe: Ökosystem Hecke

Es wird empfohlen, auf großen landwirtschaftlichen Flächen mit Monokulturen bestehende Hecken zu belassen bzw. neue anzulegen.
Weisen Sie nach, dass Hecken Ökosysteme sind.
Bewerten Sie die Empfehlung aus ökologischer und aus wirtschaftlicher Sicht.
Nutzen Sie auch geeignete Sachverhalte aus dem nachfolgenden Material. 20

Material 1

Es werden verschiedene Typen von Hecken unterschieden. Ökologisch besonders wertvoll sind Hecken, die mehrschichtig strukturiert und mindestens 5 bis 10 m breit sind.

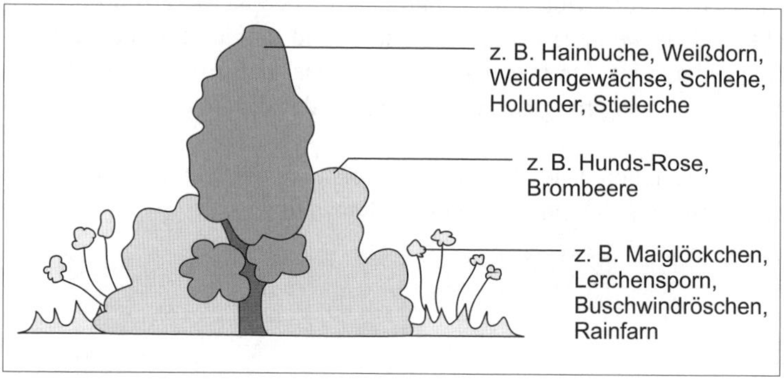

Strukturierung einer ökologisch wertvollen Hecke

Material 2

Die Hecke – Lebensraum von Tieren

Greifvögel wie der Mäusebussard und die Waldohreule nutzen Bäume und größere Sträucher innerhalb der Hecke als Spähplatz. Buntspecht und Kleiber brüten in Baumhöhlen. Viele Singvögel finden in der Hecke geeignete Nistplätze. Einige Vögel bevorzugen Dornensträucher: Der Neuntöter beispielsweise legt sein Nest hier an. Zu seiner Nahrung gehören Insekten, kleine Säugetiere und Vögel. Die Goldammer bevorzugt dornige Gehölze als Schlafplatz. Ihre Nahrung, Insekten und Samen, sucht sie auf Freiflächen. Goldammern legen ihre Nester am Boden in dichter Vegetation am Rand von Hecken und Böschungen an.

Der Haselmaus, die in der Roten Liste Thüringens als „gefährdet" eingestuft ist, bietet die Hecke Lebensraum und Winterquartier. Andere Säugetiere nutzen die Hecke als Zufluchtsort oder für die Aufzucht ihrer Nachkommen.
Auch zahlreiche Insekten finden hier gute Lebensbedingungen. Verschiedene Laufkäferarten suchen in der Hecke Unterschlupf und ernähren sich räuberisch von Asseln, Drahtwürmern, Kartoffelkäfern und kleinen Schnecken. Schlupfwespen parasitieren z. B. Raupen von Schmetterlingen und Pflanzenwespen. Sie legen in ihnen Eier ab, aus denen sich Larven entwickeln, die sich von den Wirtstieren ernähren.
Im feuchten, schattigen Unterwuchs der Hecke leben Erdkröten, verschiedene Molcharten und Grasfrösche.
In den sonnigen Randstreifen der Hecke kann man Eidechsen und Blindschleichen beobachten.

Material 3

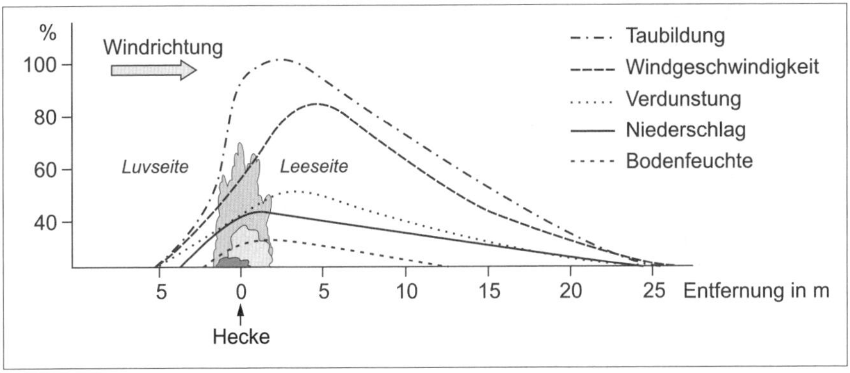

Beeinflussung der abiotischen Faktoren durch eine Hecke
verändert nach H. Wildermuth: Natur als Aufgabe; Bund für Naturschutz Schweiz, Basel 1978, S. 201

Material 4

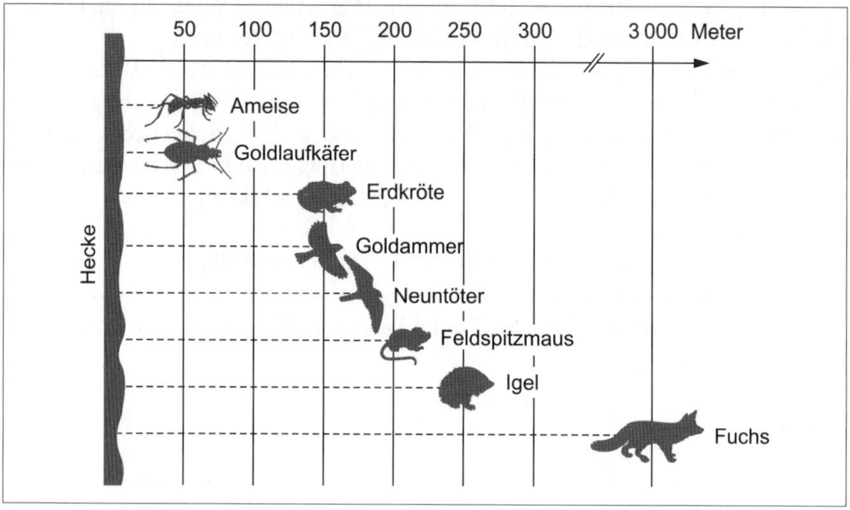

Aktionsradius verschiedener Tiere

Material 5

Kulturpflanzen werden oft in Monokulturen angebaut.
Monokulturen bieten optimale Bedingungen für Tiere, die die angebauten Pflanzen als Nahrung benötigen. Dadurch kann es zu einer Massenvermehrung bestimmter „Schädlinge" (z. B. von Kartoffelkäfern, Blattläusen oder Mäusen) kommen. Infolgedessen entstehen oft große wirtschaftliche Schäden.
Fressfeinde der „Schädlinge" können sich auf den großflächigen Monokulturen in der Regel nicht ansiedeln, weil sie hier nicht die erforderlichen Nist-, Ruhe- und Brutplätze bzw. Verstecke vorfinden.
Studien zeigen, dass für eine optimale Bestäubung von Kulturpflanzen wie Raps neben der Honigbiene vor allem Wildbienen und andere Insekten wie Käfer und Schwebfliegen eine bedeutende Rolle spielen.

Material 6

Häufig verwendete Argumente gegen das Anlegen von Hecken:
- Hecken verbrauchen wertvolle Agrarfläche.
- Hecken mindern den Ertrag durch Beschattung der Anbauflächen.
- Hecken zergliedern die Fläche und behindern den Einsatz von landwirtschaftlichen Großgeräten.

Material 7

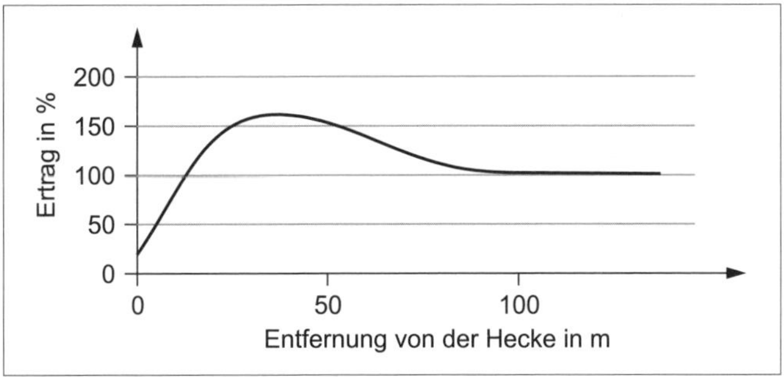

Auswirkung einer ca. 8 m hohen Hecke auf den Ertrag eines Feldes

Wahlaufgabe A1: Stoff- und Energiewechsel, Genetik

1 Die Kartoffel gehört zu den weltweit wichtigsten Nahrungsmitteln.

1.1 Beschriften Sie den Bau der Kartoffelpflanze.

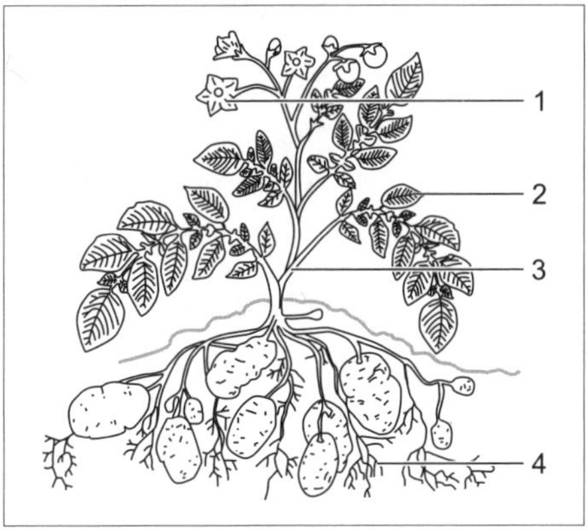

Der Ertrag kann durch Düngung erhöht werden.
Erklären Sie diesen Sachverhalt an zwei Beispielen. 6

1.2 Hobbygärtner Müller bekommt eine Kartoffelpflanze einer neuen Sorte geschenkt. Im Herbst erntet er die Knollen. Die kleinen Knollen gibt er dem Nachbarn Meier, die großen behält er für sich.
Im nächsten Herbst vergleichen die beiden Hobbygärtner ihre Erträge, indem sie die gebildeten Knollen von je 10 Pflanzen auszählen und wiegen. Gehen Sie davon aus, dass sich die Pflanzen beider Hobbygärtner unter gleichen Bedingungen entwickelt haben.

Auszählung Herr Müller:

Knollen mit einer Masse von	Anzahl der Knollen
unter 50 g	50
50–89 g	80
90–129 g	120
130–170 g	70
über 170 g	31

Stellen Sie eine begründete Vermutung über das Ergebnis der Auszählung von Herrn Meier auf. 3

2 Beim Kauf von Samen erwartet der Gärtner, dass alle Pflanzen gleichermaßen die gewünschten Eigenschaften haben. Dieses Saatgut wird heute oft aus der Kreuzung von Elternpflanzen gewonnen, die für die betreffenden Merkmale reinerbig sind. Im Handel wird der Samen als F_1-Hybrid-Samen angeboten. Gehen Sie von folgendem Beispiel aus: Der verkaufte Samen soll gelb blühende Individuen hervorbringen und ist das Ergebnis der Kreuzung von gelb blühenden Individuen (AA) und weiß blühenden Individuen (aa).

F_1-Hybrid Samen
Foto: FLOVEG GmbH, 53925 Kall

2.1 Begründen Sie unter Verwendung eines Kreuzungsschemas, dass das verkaufte Saatgut den Erwartungen der Gärtner entspricht. Formulieren Sie die zutreffende Mendelsche Regel. 3

2.2 Sind die Erwartungen auch zu erfüllen, wenn der Gärtner im Folgejahr Samen aussät, die aus einer Kreuzung von Pflanzen der F_1-Generation hervorgegangen sind?
Begründen Sie Ihre Voraussagen unter Verwendung eines Kreuzungsschemas. 3

3 In einem Versuch werden drei grüne Pflanzen der gleichen Art vier Tage lang den in der Tabelle aufgezeigten Bedingungen ausgesetzt. Danach wird geprüft, ob sich Stärke gebildet hat.
Beschreiben Sie eine Methode zum Nachweis von Stärke.
Stellen Sie eine begründete Vermutung auf, in welchen Laubblättern sich Stärke gebildet hat. 5

	Bedingungen			
Pflanze	Licht	CO_2	O_2	Temp.
A	kein Licht, abgedunkelt	erhöhte Konzentration	vorhanden	25 °C
B	Starklicht	erhöhte Konzentration	O_2-freie Atmosphäre	25 °C
C	Starklicht	CO_2-freie Atmosphäre	vorhanden	10 °C

Wahlaufgabe A2: Stoff- und Energiewechsel, Genetik, Evolution

1 Folgende Beispiele zeigen, dass biologische Kenntnisse eine praktische Bedeutung in Haushalt und Wirtschaft haben.

1.1 Um Buffets dekorativ zu gestalten, können wir zum Beispiel normalen Radieschen zu einem blütenförmigen Aussehen verhelfen. Dazu schneidet man das Gemüse mehrfach kreuzförmig ein und legt es in Wasser.

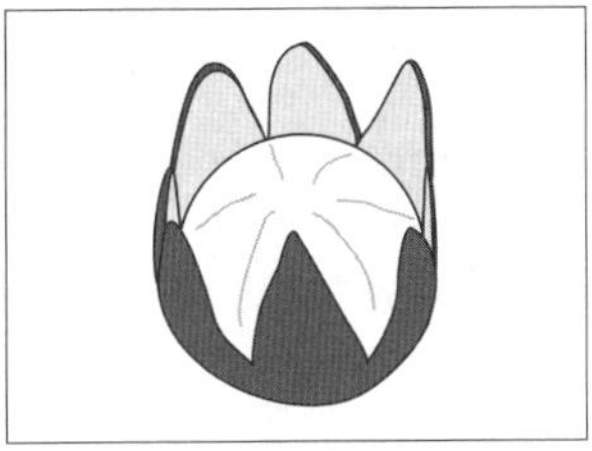

Erklären Sie den im Folgenden ablaufenden Vorgang. 3

1.2 Einige Apfelsorten, die bei Lagerung zum Schrumpfen neigen, werden zum Beispiel mit Protexan behandelt. Protexan ist ein Paraffinöl, in das die Äpfel getaucht werden und das auf ihrer Schale eine hauchdünne Wachsschicht bildet.
Begründen Sie diese Maßnahme. 3

1.3 Eine Anleitung zur Herstellung von Wein enthält wichtige Tipps:
„Füllen Sie den Weinballon mit Trauben bzw. anderen Früchten. Verschließen Sie den Ballon mit einem durchbohrten Stopfen, durch den ein Gärröhrchen eingeführt wird.“

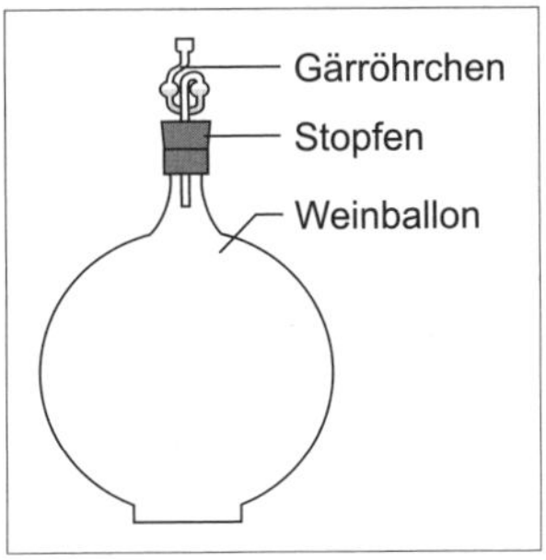

Begründen Sie die Tipps.
Geben Sie die Wortgleichung für den zugrunde liegenden biochemischen Vorgang an. Begründen Sie, dass mit diesem Verfahren kein hochprozentiger Alkohol hergestellt werden kann. 5

2 In Milch ist Milchzucker (Lactose) enthalten.
Es gibt Menschen, die diesen Zucker verdauen können. Bei anderen wird die Lactose aufgrund eines Gendefekts nicht gespalten und in ihre Bausteine zerlegt. Infolgedessen kann es bei diesen Personen zu Verdauungsbeschwerden kommen. Man spricht von Lactoseintoleranz. Die Anlage für die Lactoseintoleranz wird rezessiv vererbt.
Erstellen Sie für das vorgegebene Beispiel das Kreuzungsschema. Geben Sie die möglichen Genotypen für die Kinder des Paares (Personen 1 und 2) an. 4

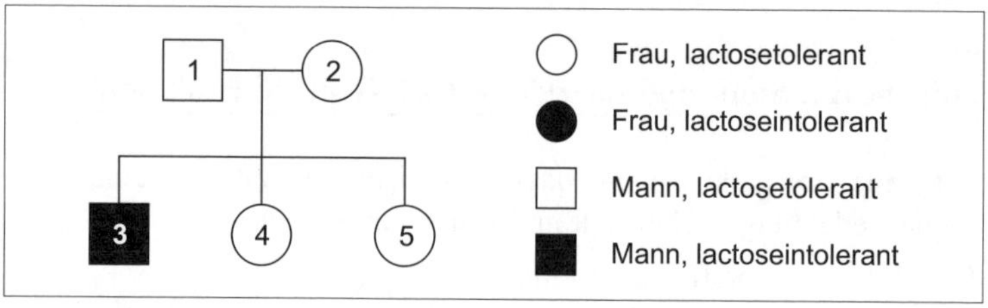

3 Beim Birkenspanner treten unterschiedliche Farbvariationen auf.
Bereits um 1850 betrug der Anteil der hellen Form in englischen Industriegebieten, z. B. um Birmingham, etwa 99 %. Nur etwa 1 % der Falter zeigte die dunkle Färbung. Die Verteilung um 1960 ist in der Übersicht dargestellt.

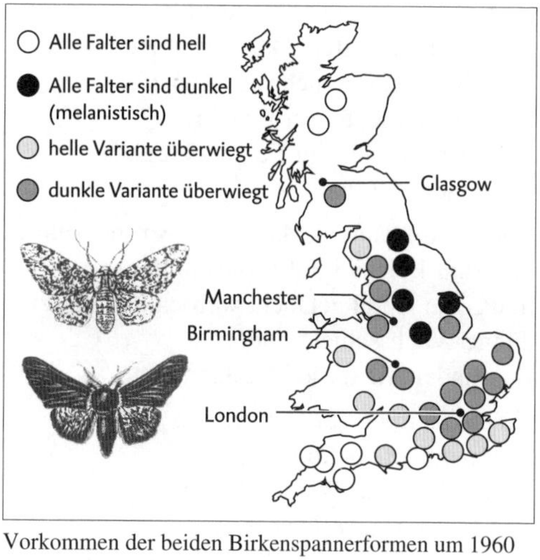

Vorkommen der beiden Birkenspannerformen um 1960

Erklären Sie die Entstehung unterschiedlich gefärbter Birkenspanner nach der Synthetischen Evolutionstheorie. 5

Lösungen

Pflichtaufgabe

Nachweis, dass Hecken Ökosysteme sind:
Ein Ökosystem ist eine Einheit aus Lebensraum (Biotop) und der Gesamtheit der darin angesiedelten Lebewesen (Biozönose). Es umfasst ein komplexes Beziehungsgefüge von unbelebten (abiotischen) und belebten (biotischen) Komponenten.

- Die Hecke ist wie jedes Ökosystem durch eine **räumliche und zeitliche Struktur** charakterisiert:
  Die ein bis mehrere Meter breiten Gehölzstreifen sind deutlich in Boden-, Kraut-, Strauch- und ggf. Baumschicht gegliedert. Sie bieten somit vielfältige Lebensräume für Tiere.
  Im Verlauf des Jahres verändern sich die abiotischen Faktoren in dem Ökosystem. Das hat Auswirkungen auf die Biozönose. Die Aktivitätsphasen der Lebewesen verändern sich im Jahresverlauf.
- **Stoffkreislauf** und **Energiefluss** sind ein weiteres Merkmal eines Ökosystems:
  Der Stoffkreislauf der Hecke wird durch die Beziehungen zwischen Produzenten, Konsumenten und Destruenten realisiert. Die grünen Pflanzen bauen aus anorganischen Stoffen unter Nutzung von Lichtenergie Biomasse auf. Diese wird von Konsumenten als Nahrung genutzt. Destruenten sind in der Lage, organische „Abfälle" zu verwerten und dem Stoffkreislauf zuzuführen.
  Das Ökosystem ist auf Sonnenenergie angewiesen. Grüne Pflanzen wandeln Lichtenergie in chemische Energie um. Die in organischen Stoffen fixierte chemische Energie gelangt über die Nahrung zu Konsumenten und Destruenten. Energie wird von allen Lebewesen zur Aufrechterhaltung der Lebensprozesse benötigt.
- Weitere Merkmale sind **Stabilität** und **Dynamik:**
  Hecken sind zur Selbstregulation befähigt. Selbstregulation ist die Fähigkeit, trotz des stofflich und energetisch offenen Charakters und sich ständig verändernder Umweltfaktoren die Zusammensetzung der Biozönose über lange Zeiträume relativ konstant zu halten. Störfaktoren können weitgehend ausgeglichen werden.

Bewerten der Empfehlung, auf großen landwirtschaftlichen Flächen mit Monokulturen Hecken zu belassen bzw. anzulegen:

Gegenübergestellt werden im Folgenden große Monokulturen ohne Hecken und durch Hecken strukturierte Monokulturen.

Monokulturen sind extrem **artenarm**. Durch ihre Artenarmut und die **geringe Strukturierung** bieten Monokulturen nur wenigen Lebewesen einen Lebensraum. Ein komplexes Nahrungsgefüge existiert nicht. Dadurch besitzen Monokulturen **kaum Regulationsfähigkeit**. Schädlinge der betreffenden Kulturen finden ein großes Nahrungsangebot, müssen selbst aber kaum Feinde fürchten, da die Monokultur diesen oft keine geeigneten Bedingungen bietet. Folglich kommt es zu einem Anstieg der Schädlingspopulationen. Ohne gezielte Eingriffe durch den Menschen nehmen diese in der Regel überhand und führen zu großen Ertragsausfällen. Bei starkem Wind **trocknen** die Ackerflächen außerdem schnell **aus**.

Hecken dagegen sind **deutlich strukturierte** Ökosysteme. Die Vegetation bewirkt, dass es neben sonnigen, trockenen auch feuchte, schattige Bereiche gibt. Pflanzen und Tiere verschiedenster Arten finden hier ihren Lebensraum mit entsprechenden Lebensbedingungen. So sind z. B. Lurche und einige Insektenarten auf feuchte Standorte angewiesen. Folglich ist das Ökosystem Hecke **sehr artenreich** und verfügt somit über eine **gute Regulationsfähigkeit**.

Bäume und Sträucher bieten vielen Vögeln Raum zum Brüten. Dornige Sträucher schützen Nester vor Fressfeinden. Andere Vögel nutzen die Bäume als Rastplatz. Greifvögel halten von dort nach Beute Ausschau.

Viele Säugetiere wie z. B. Mäuse und Igel leben geschützt im Unterholz der Hecke. Aber auch größere Vertreter dieser Gruppe wie Füchse oder Rehe nutzen Hecken als Ruheplatz. Viele dieser Tiere verlassen die Hecke aber zur Futtersuche. Ihre Nahrung, bei der es sich oft um Schädlingsorganismen handelt, finden sie auf den umgebenden Feldern. Viele Singvögel fressen Insekten, Würmer und Schnecken. Greifvögel vertilgen Mäuse. Zahlreiche Insektenarten bestäuben auf ihrer Futtersuche Blüten. Andere Insekten wie beispielsweise Schlupfwespen und Marienkäfer vernichten Schädlinge.

Hecken beeinflussen das **Bestandsklima**. Durch Taubildung, aber auch durch Verringerung der Windstärke auf der windabgewandten Seite wird ein feuchtes Mikroklima erzeugt. Der Boden trocknet daher nicht so schnell aus und die Transpiration der auf den Feldern angebauten Pflanzen verringert sich. Deshalb müssen die Pflanzen weniger Wasser aus dem Boden aufnehmen. Bei starker Transpiration aufgrund von trockener Luft und starkem Wind würden die Spaltöffnungen der Feldpflanzen geschlossen und es könnte weniger Kohlenstoffdioxid aufgenommen werden. Bei höherer Luftfeuchtigkeit und vor Wind geschützt, bleiben die Spaltöffnungen dagegen geöffnet. Kohlenstoffdioxid steht daher in ausreichender Menge zur Verfügung und die Fotosyntheseleistung wird nicht gemindert. Dies wirkt sich positiv auf den Ertrag aus.

Aus ökologischer Sicht sind durch Hecken strukturierte Monokulturen von großem Vorteil. Durch den Erhalt und die Neuanlage der Hecken werden inmitten von artenarmen Anbauflächen einer Vielzahl von Pflanzen und Tieren (zu denen auch vom Aussterben bedrohte Arten gehören) die von ihnen benötigten Lebensräume geboten.

Aus wirtschaftlicher Sicht sind Hecken auf den ersten Blick von Nachteil, weil sie Anbauflächen zergliedern. Auch der Einsatz landwirtschaftlicher Großgeräte wird durch sie erschwert. Außerdem ist das Wachstum der Kulturpflanzen direkt am Rand der Hecken eingeschränkt, wodurch sich der Ertrag verringert. Auf den zweiten Blick zeigen sich aber die großen wirtschaftlichen Vorteile von Hecken: Durch die Ansiedlung von Tieren werden Fraßschäden an den Kulturpflanzen deutlich verringert und durch die positive Beeinflussung des Bestandsklimas werden die Erträge erhöht.

Insgesamt kann man also feststellen, dass die Strukturierung von Monokulturen durch Hecken **große ökologische und auch ökonomische Vorteile** bringt.

Wahlaufgabe A1

1.1 **Beschriftung:**

1 Blüte	2 Laubblatt
3 Sprossachse	4 Wurzel

Erklärung:

- **Magnesium-Ionen** sind ein wichtiger Bestandteil des Chlorophylls. Das Chlorophyll stellt die Grundlage für die Fotosynthese der Pflanzen dar. Durch Fotosynthese bilden grüne Pflanzen Glucose, die die Grundsubstanz für die Bildung weiterer organischer Stoffe ist.
- **Nitrat-Ionen** dienen der Pflanze als Stickstoffquelle. Stickstoff ist Bestandteil von Aminosäuren, die als Bausteine für die Bildung von Eiweißen benötigt werden. Fehlen entsprechende Nährsalze, wird die Entwicklung der Pflanze gestört.

1.2 **Begründete Vermutung:** Die Kartoffelknollen stammen von der gleichen Mutterpflanze. Folglich sind die Knollen genetisch identisch.

Die von Herrn Meier aus den Knollen gezogenen Kartoffelpflanzen werden wiederum unterschiedlich große Knollen ausbilden. Vermutlich wird sich das Ernteergebnis von Herrn Meier kaum von dem von Herrn Müller unterscheiden.

2.1 Die Erwartungen der Gärtner erfüllen sich.

Begründung: Wenn die Elternpflanzen für das Merkmal reinerbig sind (Farbe gelb: AA; Farbe weiß: aa), entstehen in der F_1-Generation mischerbige Pflanzen (Aa). Das dominante Allel bestimmt die gelbe Blütenfarbe.

	A	A
a	Aa	Aa
a	Aa	Aa

1. Mendelsche Regel: Kreuzt man reinerbige Individuen, die sich in einem Merkmal unterscheiden, sind alle Nachkommen in Bezug auf das betreffende Merkmal uniform (gleich).

2.2 Die Erwartungen des Gärtners erfüllen sich nicht.

Begründung: Bei der Kreuzung der gelb blühenden mischerbigen Individuen entstehen in der F_2-Generation sowohl Pflanzen, die gelb blühen, als auch Pflanzen, die weiß blühen.

	A	a
A	AA	Aa
a	Aa	aa

Genotyp: AA : Aa : aa = 1 : 2 : 1
Phänotyp: gelb : weiß = 3 : 1

3 **Beschreibung:**
Stärke kann mit **Iod-Kaliumiodid-Lösung** nachgewiesen werden. Beim Kontakt der Lösung mit Stärke kommt es zu einem Farbumschlag von farblos zu blauviolett/schwarz.

Begründete Vermutungen zur Stärkebildung:
- Nur bei **Pflanze B** hat sich Stärke gebildet. Infolgedessen ist hier der Stärkenachweis positiv. Da diese Pflanze genügend Licht und Kohlenstoffdioxid zur Verfügung hatte, konnte die Fotosynthese ablaufen. Bei der Fotosynthese werden in den Chloroplasten unter Einwirkung von Licht aus Kohlenstoffdioxid und Wasser Glucose und Sauerstoff gebildet. Die Glucose wird zu Stärke weiterverarbeitet, die im Laubblatt gespeichert wird.
- Die **Pflanze A** wurde im Dunkeln gehalten, folglich konnte unabhängig von den weiteren Bedingungen keine Fotosynthese ablaufen und sich somit auch keine Stärke bilden.
- Die **Pflanze C** konnte keine Fotosynthese betreiben, da Kohlenstoffdioxid als Ausgangsstoff fehlte. Auch hier konnte demnach unabhängig von den übrigen Faktoren keine Stärke gebildet werden.

1.1 **Erklärung:** Das Zellplasma und die Vakuolenflüssigkeit in Zellen von Radieschen sind hoch konzentriert, das heißt, sie enthalten relativ viele organische Stoffe und Salze. Legt man die Radieschen in Leitungswasser, entsteht zwischen dem Zellinneren und dem niedrig konzentrierten Wasser ein Konzentrationsgefälle. Es wird ein Konzentrationsausgleich angestrebt. Er erfolgt einseitig, weil Wasserteilchen des Leitungswassers in die Radieschenzellen gelangen, die in den Zellen enthaltenen organischen Stoffe und Salze die Zellmembran u. a. aufgrund ihrer Größe aber nicht passieren können. Folglich steigt der Zellinnendruck. An den Stellen, an denen die Radieschen kreuzförmig eingeschnitten wurden, kann das Wasser eindringen (Osmose) und die Teile dehnen sich mit zunehmendem Zellinnendruck nach außen aus. So entsteht die dekorative Blütenform.

1.2 **Begründung:** Werden die Äpfel nach der Ernte mit einer dünnen Wachsschicht überzogen, kann kein Sauerstoff an die darunterliegenden Zellen gelangen. So wird die Zellatmung eingeschränkt bzw. ganz verhindert. Bei diesem Stoffwechselvorgang würden sonst die organischen Stoffe oxidiert, das heißt abgebaut, was ein Schrumpfen der Äpfel verursachen würde. Durch den Wachsüberzug erreicht man somit, dass die Äpfel während einer längeren Lagerung nicht schrumpfen und frisch bleiben.

1.3 **Begründung:**

- Die Früchte enthalten Glucose, den Ausgangsstoff der alkoholischen Gärung.
- Bei der alkoholischen Gärung entsteht Kohlenstoffdioxid. Dieses Gas muss aus dem Weinballon entweichen können. Gleichzeitig darf kein Sauerstoff in den Weinballon gelangen, denn in sauerstoffhaltiger Atmosphäre (aerobe Bedingungen), würde der entstandene Alkohol von Essigsäurebakterien in Essig umgewandelt werden. Das Gärröhrchen ist daher so konstruiert, dass bei höherem Druck im Weinballon Gase (CO_2) von innen nach außen gelangen können. Flüssigkeit im Röhrchen verhindert aber gleichzeitig, dass Gase (O_2) von außen in das Gefäß hinein gelangen.

Wortgleichung der alkoholischen Gärung:

$$\text{Glucose} \xrightarrow{\textit{Hefepilze}} \text{Alkohol} + \text{Kohlenstoffdioxid}$$

Begründung:

Bei zu hoher Alkoholkonzentration sterben die Hefepilze ab. Deshalb kann mit dieser Methode kein hochprozentiger Alkohol hergestellt werden.

2 **Kreuzungsschema:**

	A	a
A	AA	Aa
a	Aa	aa

A: Allel für Lactosetoleranz
a: Allel für Lactoseintoleranz

mögliche Genotypen der Kinder:
Person 3: aa
Person 4: Aa oder AA
Person 5: Aa oder AA

3 **Erklärung:** Um 1850 war in den betreffenden Populationen ein sehr hoher Anteil (ca. 99 %) der Birkenspanner hell gefärbt. Aber es wurden auch dunkle Individuen beobachtet.
Es liegen folglich Allele für unterschiedliche Farbausprägungen vor. Ursache dafür ist wahrscheinlich eine Mutation. Vermutlich sind die Allele für die Ausbildung der hellen Farbe dominant gegenüber den Allelen für die dunkle Farbe.
Im Zusammenhang mit der zunehmenden Industrialisierung nahm die Rußbildung zu. Der Ruß lagerte sich u. a. auf der Borke der hellen Birken ab. Die dunklen Tiere waren auf dem vom Ruß geschwärzten Untergrund schlechter zu sehen als die hell gefärbten Individuen. Sie wurden folglich seltener Beute von Vögeln. Durch diesen Selektionsvorteil kamen nun vor allem die dunklen Tiere zur Fortpflanzung und folglich wurden immer mehr dunkel gefärbte Tiere geboren. Durch Selektion stieg der Anteil an dunklen Formen in der Gesamtpopulation in Industrieregionen demnach deutlich an.

BE

Pflichtaufgabe: Konstanz und Variabilität

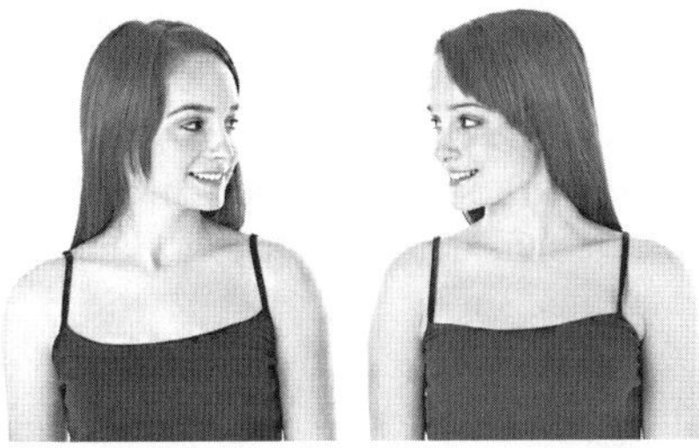

Eineiige Zwillinge
Foto: © Can Stock Photo Inc./monkeybusiness

Anhand von Geburtenregistern ist zu erkennen, dass im Laufe eines Jahres ein zahlenmäßig in etwa ausgewogenes Verhältnis zwischen neugeborenen Mädchen und Jungen besteht.
Unter den Neugeborenen befinden sich auch eineiige Zwillingspaare. Eineiige Zwillinge verfügen über nahezu vollständig identische Erbanlagen, während die anderen Kinder genetisch „einmalig" sind. Alle Neugeborenen stimmen aber in zahlreichen Merkmalen überein.
Erklären Sie die vorangestellten Aussagen.
Beziehen Sie in Ihre Darstellung geeignete Sachverhalte aus der folgenden Materialsammlung ein. 20

Material 1

Wissenschaftler interessieren sich besonders für Zwillinge, weil sie an ihnen herausfinden können, für welche Eigenschaften eines Menschen die Vererbung, also die Gene, verantwortlich sind und welche Eigenschaften durch Erziehung und Umwelt erworben werden. Wenn die Kinder in derselben Familie aufwachsen, unterliegen sie größtenteils denselben äußeren Bedingungen – das fängt schon in der Gebärmutter an und schließt die Umweltfaktoren wie Ernährung, Hygiene, sozialen und finanziellen Status der Eltern genauso ein wie kulturelle und gesellschaftliche Bedingungen. Wenn alle anderen Bedingungen gleich sind, dann müssten Unterschiede zwischen beiden an den Genen liegen, die entsprechenden Eigenschaften also vererbt sein. Eine Eigenschaft, die vollständig vererbt wird, taucht bei eineiigen Zwillingen, die ja genau die gleichen Gene haben, immer bei beiden auf – oder eben bei beiden nicht. Zweieiige Zwillinge teilen sich dagegen, wie Geschwister, durchschnittlich nur die Hälfte der Gene.

aus: Quarks & Co. Die Wissenschaft von Zwillingen © WDR, Juni 2006

Material 2

Die moderne Genetik macht es möglich, eineiige Zwillinge auch anhand ihres Erbguts zu unterscheiden.
Gleiches Aussehen bedeutet heute längst nicht mehr identisch. Das Erbgut von eineiigen Zwillingen verändert sich bereits nach der Teilung der beiden Embryonen im Mutterleib durch Punktmutationen. In dieser Phase sind die verschiedenen Gewebearten, aus denen der Mensch später besteht, noch nicht vollständig angelegt. Das heißt, dass solche Veränderungen theoretisch in allen späteren Geweben auftreten. Sie sind daher mit modernen Methoden, z. B. an Haarwurzeln oder in Speicheltropfen, nachweisbar.
Das eröffnet Kriminalisten völlig neue Möglichkeiten. Auch Vaterschaftsverhältnisse lassen sich damit eindeutig klären, sogar wenn die möglichen Väter eineiige Zwillinge sind.

Material 3

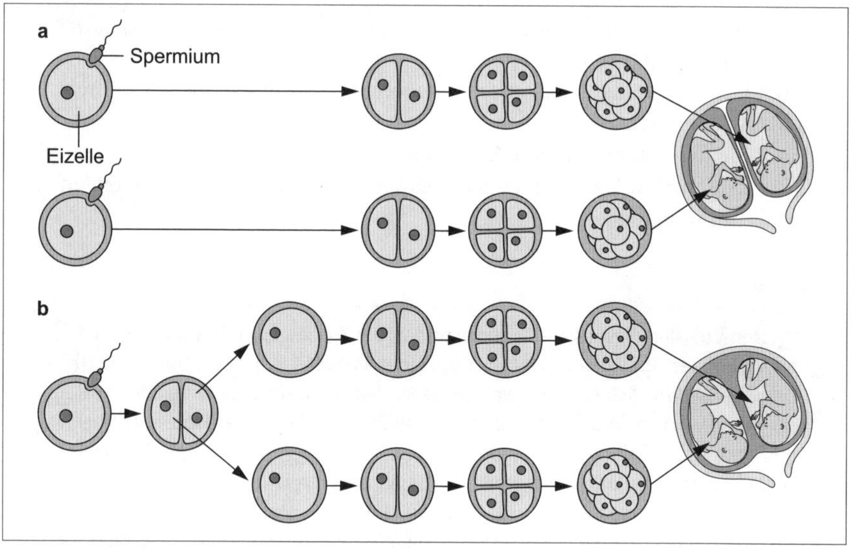

a: Entwicklung zweieiiger Zwillinge; b: Entwicklung eineiiger Zwillinge

Material 4

Untersuchungen an eineiigen Zwillingen, die in unterschiedlichen Familien aufgewachsen sind, zeigen, dass bestimmte Merkmale umweltstabil sind. So stimmen die Geschwister z. B. in den Gesichtszügen oder der Körpergröße in der Regel weitgehend überein. Andere Eigenschaften, wie beispielsweise das Körpergewicht oder auch die Muskelentwicklung, können voneinander abweichen, obwohl sie beide ein extrem ähnliches genetisches Material besitzen.

Material 5

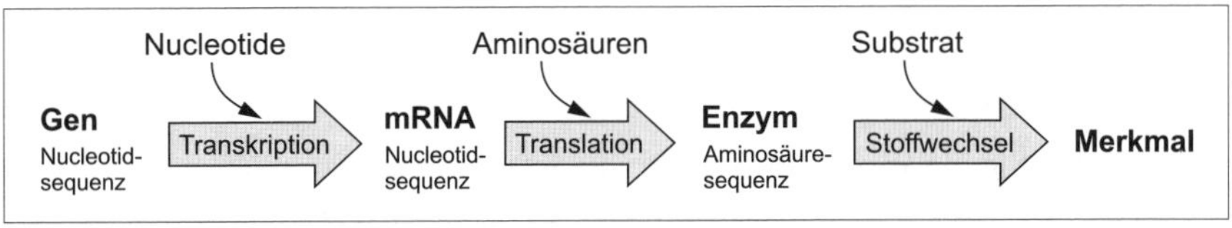

Der Weg vom Gen zum Merkmal

Material 6

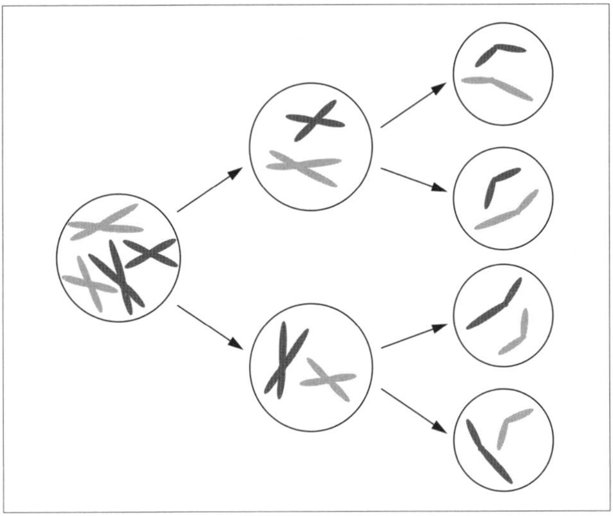

Stark vereinfachte schematische Darstellung der Meiose

Wahlaufgabe A1: Stoff- und Energiewechsel, Ökologie

1 Auf Gurkenpflanzen wirken verschiedene Umweltfaktoren.

1.1 Folgende Werte zeigen das Wachstum von Gurkenpflanzen bei unterschiedlichen Temperaturen:
10 °C = 0 mm/Tag
15 °C = 4 mm/Tag
20 °C = 10 mm/Tag
25 °C = 10 mm/Tag
30 °C = 8 mm/Tag
35 °C = 4 mm/Tag
40 °C = 0 mm/Tag
Stellen Sie die Werte grafisch dar und interpretieren Sie die Grafik. 6

1.2 Das Wachstum einer Gurkenpflanze ist neben der Temperatur von zahlreichen anderen Umweltfaktoren abhängig.
Erläutern Sie die Wirkung eines biotischen und eines weiteren abiotischen Umweltfaktors auf das Wachstum der Pflanze. 4

1.3 Erläutern Sie den Zusammenhang zwischen dem Stoffwechsel und dem Wachstum einer Gurkenpflanze. 3

2 Zahlreiche Nahrungsmittel werden in der modernen Landwirtschaft hauptsächlich in Monokulturen angebaut. Dafür werden natürliche Ökosysteme „umfunktioniert".

Monokultur
Foto: © Can Stock Photo Inc./Smileus

2.1 Begründen Sie den Vorteil von Monokulturen für den Menschen. Erläutern Sie zwei ökologische Probleme dieser Bewirtschaftungsform. 4

2.2 Ein wesentliches Ziel des Natur- und Umweltschutzes ist die Erhaltung der Biodiversität (Artenvielfalt).
Diskutieren Sie, ob die Zielsetzung in der heutigen Zeit realisierbar ist. 3

Wahlaufgabe A2: Stoff- und Energiewechsel, Genetik, Ökologie

1 Lupinen sind wichtige Futterpflanzen.

1.1 Bei einer Untersuchung der biochemischen Vorgänge an Laubblättern konnten sowohl die Freisetzung als auch der Verbrauch von Sauerstoff nachgewiesen werden.
Beschriften Sie den vorgegebenen Laubblattquerschnitt einer Samenpflanze.
Erklären Sie Bildung und Verbrauch des Sauerstoffs.

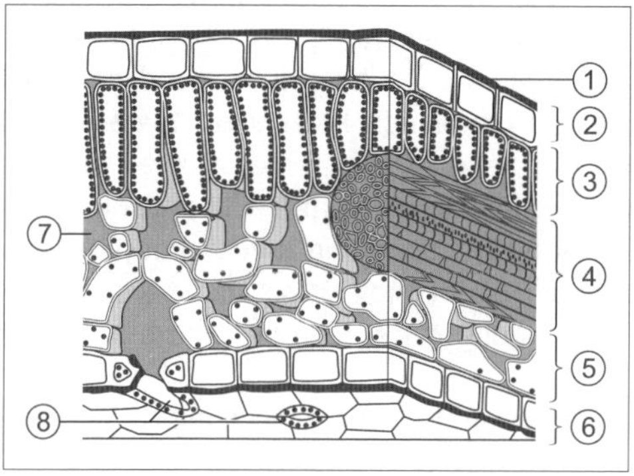

Foto: © Can Stock Photo Inc./andreevaee

5

1.2 Formulieren Sie die Summengleichung für die Fotosynthese.
Erläutern Sie zwei Maßnahmen zur Steigerung des Ernteertrages auf Lupinenfeldern. 4

1.3 In einem Experiment wurden Lupinenpflanzen mit stark konzentriertem Mineraldünger versorgt. Die Pflanzen verwelkten und starben schließlich ab.
Erklären Sie diesen Sachverhalt. 3

2 Ein Hobbygärtner kreuzt reinerbig rot blühende Lupinenpflanzen mit reinerbig blau blühenden Lupinenpflanzen. Er ist verwundert, dass alle Pflanzen der folgenden Generation blau blühen.
Leiten Sie den entsprechenden Erbgang ab. Erklären Sie dem Hobbygärtner das Ergebnis seiner Kreuzung mithilfe eines Kreuzungsschemas. Formulieren Sie die zutreffende Mendelsche Regel. 5

3 Erläutern Sie die Wirkung von zwei biotischen Faktoren auf Lupinenpflanzen, die in einer Monokultur wachsen. 3

Lösungen

Pflichtaufgabe

Zahlenmäßig ausgewogenes Verhältnis zwischen Mädchen und Jungen:

- Die Vererbung des Geschlechts ist beim Menschen auf die Geschlechtschromosomen (X- und Y-Chromosomen) zurückzuführen. Eine gesunde Frau hat in jeder Körperzelle zwei X-Chromosomen, während der Mann in jeder Körperzelle ein X- und ein Y-Chromosom besitzt.
- Die Keimzellen werden durch die Meiose gebildet. Dabei entstehen aus diploiden Körperzellen genetisch variable haploide Keimzellen.
  Bei der Frau wird unter anderem das Geschlechtschromosomenpaar (XX) meiotisch geteilt. Alle Eizellen besitzen demzufolge ein X-Chromosom. Beim Mann entstehen im Ergebnis der Meiose Spermazellen, von denen statistisch gesehen 50 Prozent ein X-Chromosom und 50 Prozent ein Y-Chromosom besitzen.
- Wird die Eizelle von einem Spermium mit einem Y-Chromosom befruchtet, entsteht ein Junge, wird sie von einem Spermium mit einem X-Chromosom befruchtet, ein Mädchen. Daraus ergibt sich, dass statistisch gesehen die Wahrscheinlichkeit für die Ausbildung der beiden Geschlechter gleich hoch ist.
- Das zahlenmäßig ausgewogene Verhältnis von Mädchen und Jungen zeigt das folgende Kreuzungsschema:

	X	X
X	XX	XX
Y	XY	XY

Entstehung eineiiger Zwillinge und Grund für die Übereinstimmung ihrer Erbanlagen:

- Bei der Mitose entstehen aus einer diploiden Körperzelle zwei genetisch gleiche diploide Körperzellen. Die Mitose ist die Grundlage für Wachstums- und Regenerationsprozesse. Untrennbar mit der Mitose verbunden ist die identische Replikation der DNA. Sie sichert, dass sich die DNA identisch verdoppelt. Damit erhalten die Zellen ihre Teilungsfähigkeit.
- Die Mitose ist auch die Grundlage für das Entstehen eineiiger Zwillinge. Sie entstehen aus einer einzigen befruchteten Eizelle und verfügen dadurch theoretisch über ein identisches Erbgut. Aus diesem Grund sind sich diese Zwillinge sehr ähnlich und haben immer das gleiche Geschlecht. Trotz allem unterscheiden sich die eineiigen Zwillinge aber auch in bestimmten Allelen, da sich das genetische Material z. B. durch Punktmutationen verändert.

Entstehung der genetischen Variabilität:

- Die Meiose, bei der haploide Keimzellen entstehen, ist ein weiterer Zellteilungsvorgang, der die Konstanz innerhalb der Art sichert. Bei der geschlechtlichen Fortpflanzung verschmelzen Eizelle und Spermium zur Zygote. Durch die Meiose wird gewährleistet, dass der arttypische Chromosomensatz erhalten bleibt.
- Die Meiose ist aber auch eine Grundlage für die Variabilität. Dies lässt sich wie folgt erklären: Die Meiose verläuft in zwei großen Teilungsschritten. Im ersten Teilungsschritt werden die Chromosomenpaare voneinander getrennt. Anschließend werden die ehemals väterlichen und mütterlichen Chromosomen nach dem Zufallsprinzip in Richtung der Zellpole gezogen. Außerdem kann es bei der Paarung der homologen Chromosomen zum Bruchstückaustausch (Crossing-over) kommen. Im zweiten Teilungsschritt, der wie die Mitose verläuft, werden die Zweichromatid-Chromosomen getrennt.
- Als weitere Ursachen für die Variabilität der Kinder kommen Mutationen und Modifikationen in Betracht:
  - Mutationen sind spontan entstehende oder durch Mutagene ausgelöste Veränderungen des Genotyps. Der Phänotyp kann, muss aber nicht zwingend davon betroffen sein.
  - Modifikationen sind durch Umweltfaktoren hervorgerufene Veränderungen des Phänotyps im Rahmen einer genetisch festgelegten Reaktionsnorm.

Alle Neugeborenen stimmen in zahlreichen Merkmalen überein:

- Alle Menschen gehören zu einer Art und stimmen folglich in wesentlichen Merkmalen überein. Arten sind natürliche Fortpflanzungsgemeinschaften, die einen arttypischen Chromosomensatz besitzen. Der menschliche Chromosomensatz besteht aus 46 Chromosomen. Zu diesen gehören 44 Körperchromosomen, die als homologe Paare auftreten, und 2 Geschlechtschromosomen.

Wahlaufgabe A1

1.1 **Grafische Darstellung:**

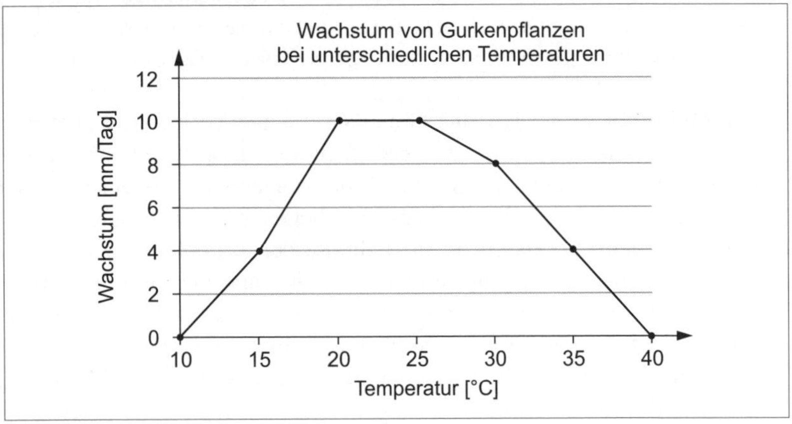

Interpretation: Die grafische Darstellung zeigt eine Optimumkurve. Die Gurkenpflanzen haben ihr Optimum bei etwa 20–25 °C. In den Temperaturbereichen um 15 °C, 30 °C und 35 °C ist das Wachstum verlangsamt, bei 10 °C und 40 °C ist kein Wachstum möglich.

Grundlagen für Wachstumsprozesse sind z. B. Stoffwechselvorgänge und Zellteilungen. Diese Prozesse werden enzymatisch gesteuert. Da Enzyme immer temperaturabhängig arbeiten, behindern zu niedrige und zu hohe Temperaturen das Wachstum.

1.2 **Erläuterung:**

- Als **biotischer Faktor** kommt Konkurrenz infrage. Im Gewächshaus kann es z. B. bei zu engen Pflanzabständen zur innerartlichen Konkurrenz um begrenzende Faktoren, z. B. Mineralien oder Licht, kommen. Dadurch wird das Pflanzenwachstum negativ beeinflusst.
- Ein weiterer **abiotischer Faktor** ist das Kohlenstoffdioxid. Kohlenstoffdioxid ist ein Ausgangsstoff der Fotosynthese. Wird der Kohlenstoffdioxidgehalt der Luft z. B. im Gewächshaus bis zum Optimum erhöht, steigt die Biomasseproduktion und die Gurkenpflanze wächst schneller.

1.3 **Erläuterung:** Als Ergebnis der Fotosynthese wird Biomasse aufgebaut, die von den Gurkenpflanzen als Bau- und Speicherstoff genutzt wird. Durch Schaffung optimaler Bedingungen für die Fotosynthese (z. B. Licht, Temperatur, Wasser, Kohlenstoffdioxid) wird die Fotosyntheserate und somit das Wachstum erhöht.

Gleichzeitig müssen auch gute Bedingungen für den Ablauf der Zellatmung herrschen, damit die Pflanze die für das Wachstum notwendige Energie bereitstellen kann.

2.1 **Begründung, z. B.:**
- Pflegemaßnahmen (z. B. Düngung und Bewässerung), aber auch der Einsatz von Pestiziden, können speziell auf die angebauten Pflanzen ausgerichtet werden.
- Pflege und Ernte der angebauten Pflanzen können maschinell erfolgen.

Erläuterung, z. B.:
- Schädlinge nehmen oft überhand, weil sie in der Kultur optimale Bedingungen finden (z. B. spezifisches Nahrungsangebot). Zum Schutz der Nutzpflanzen werden dann z. B. Insektizide eingesetzt, die wiederum Rückstände in den Pflanzen und im Boden hinterlassen, zum Teil in das Grundwasser gelangen und angrenzende natürliche Ökosysteme schädigen können.
- Um die Anbauflächen für die Monokulturen zu schaffen, werden natürliche oder naturnahe Ökosysteme zerstört. Damit gibt es weniger Lebensräume für Pflanzen und Tiere. Dies kann sich negativ auf das Gleichgewicht der Natur auswirken.

2.2 **Diskussion:** Diese Zielstellung ist nur unter bestimmten Bedingungen realisierbar.
Der Mensch muss die Nutzung und die Erhaltung der Natur in Einklang bringen. Dabei darf sein Streben nicht nur auf Profit ausgerichtet sein.
Er muss gewährleisten, dass natürliche Lebensräume erhalten bleiben, da diese die Grundlage für die Existenz vieler Arten sind.

Wahlaufgabe A2

1.1 **Beschriftung des Laubblattquerschnitts:**

1 Kutikula	2 obere Epidermis
3 Palisadengewebe	4 Leitbündel
5 Schwammgewebe	6 untere Epidermis
7 Interzellulare	8 Spaltöffnung

Erklärung:

- Die **Bildung des Sauerstoffs** erfolgt durch die ablaufende Fotosynthese.
  - Die Pflanze produziert bei Belichtung in den Chloroplasten unter Umsetzung von Kohlenstoffdioxid und Wasser Glucose und Sauerstoff.
  - Der Sauerstoff wird an die Umwelt abgegeben.
- **Verbrauch des Sauerstoffs:** Bei der Zellatmung verbraucht die Pflanze Sauerstoff.
  Bei diesem Prozess werden energiereiche organische Stoffe (z. B. Stärke) unter Verwendung von Sauerstoff vollständig abgebaut.

1.2 **Summengleichung:**

$$6\,CO_2 + 12\,H_2O \longrightarrow C_6H_{12}O_6 + 6\,H_2O + 6\,O_2 \quad \textit{oder}$$

$$6\,CO_2 + 6\,H_2O \longrightarrow C_6H_{12}O_6 + 6\,O_2$$

Erläuterung: Die Steigerung des Ernteertrages auf den Lupinenfeldern ist beispielsweise durch folgende Maßnahmen möglich:

- Der Einsatz von **Gründünger** führt dazu, dass Mikroben aktiv werden. Durch ihre Stoffwechselprozesse wird Kohlenstoffdioxid freigesetzt. Dieses reichert sich in Bodennähe an, wodurch das Angebot an einem der Ausgangsstoffe für die Fotosynthese erhöht und folglich die Biomasseproduktion gesteigert wird.
- Durch **Bewässerung** wird eine optimale Wasserversorgung gewährleistet. Wasser ist ein Ausgangsstoff für die Fotosynthese. Außerdem wird durch ein ausreichendes Wasserangebot gesichert, dass die Spaltöffnungen geöffnet bleiben und damit die Aufnahme von Kohlenstoffdioxid ermöglicht wird.

1.3 **Erklärung:** Der konzentrierte Mineraldünger bewirkt, dass die Bodenlösung eine höhere Konzentration an gelösten Mineralstoffen aufweist als die Wurzelhaarzellen.
Aufgrund dieses Konzentrationsunterschieds tritt **osmotisch** Wasser durch die semipermeablen (halbdurchlässigen) Membranen aus den Wurzelzellen in die Umgebung aus. Dies ist durch die Membraneigenschaften bestimmt.

Sie lassen Wassermoleküle und bestimmte gelöste Substanzen passieren, während andere gelöste Substanzen die Membran z. B. aufgrund ihrer Teilchengröße nicht ohne Weiteres überwinden können. Durch die ständige Wasserabgabe vertrocknen die Pflanzen.

2 **Erbgang:**
Da in der F_1-Generation nur blau blühende Pflanzen entstehen, ist das Allel für die blaue Blütenfarbe dominant über das Allel für die rote Blütenfarbe. Es handelt sich also um einen **dominant rezessiven Erbgang**.

Erklärung des Ergebnisses:
A dominant, Allel für blaue Blütenfarbe
a rezessiv, Allel für rote Blütenfarbe

P: AA × aa

	A	A
a	Aa	Aa
a	Aa	Aa

Das Schema zeigt, dass in der ersten Tochtergeneration nur mischerbige Pflanzen entstehen, die einen blauen Phänotyp aufweisen.

1. Mendelsche Regel:
Kreuzt man Lebewesen, die sich in einem Merkmal reinerbig unterscheiden, sind die Nachkommen der ersten Tochtergeneration in Bezug auf das betrachtete Merkmal gleich (Uniformitätsgesetz).

3 **Erläuterung:**
- **Fressfeinde**, z. B. Insektenlarven, ernähren sich von den Blättern der Lupinenpflanzen und schädigen sie dadurch. Die Lupinenpflanze kann folglich weniger Biomasse produzieren.
- In der Monokultur besteht eine **Konkurrenz** zwischen den Lupinenpflanzen. Wasser, Mineralien und auch Licht können zu begrenzenden Faktoren werden. Auch dadurch wird die Biomasseproduktion verringert.